大迫力！

恐竜・古生物大百科

福井県立
恐竜博物館
監修

西東社

太古の世界をのぞいてみよう！

恐竜・古生物とは

　古代に生きていた生物を古生物という。地球が誕生してから約46億年という時がたっている。はじめは目では見ることもできないほど小さかった生物が、進化を重ね、少しずつ大きくなり、そして種類を増やしていった。約2億3000万年前、地上に恐竜が出現した。空、海にも巨大な生物が次々と現れ、はるか昔の地球を支配していた。この本では恐竜以前、恐竜以後の時代も含めて、太古の地球に生息していた生物を紹介する。

化石と地質時代

　化石というと、生物の骨やカラなど、体のかたい部分だけを指すと思われがちだが、足跡や巣穴、フンなども化石である。生物が生きていた証拠が砂や岩などの中にのこったものが化石なのだ。また、化石やそのまわりの地質を調べることで、生物の特徴や生息していた時代を解明できる。この時代は大きく「先カンブリア時代」「古生代」「中生代」「新生代」という４つの時代にわけられる。

なぞと解明

恐竜や古生物は、まだまだなぞが多く、日々研究が続けられている。顕微鏡やCTスキャンなど、さまざまな科学技術も発達し、毎年のように新しい発見があり、新説も発表されている。これまでの常識が、明日にはくつがえされることもあるのだ。新しいものがすべて正しいとは限らないが、最新の学説にふれ、より詳しく恐竜や古生物のことを知るためには、この本だけでなく、博物館や資料館などに行って、紹介されている資料を実際に見てみるとよいだろう。

古生物学

過去に生息していた生物とその歴史を研究する学問が古生物学だ。発掘された化石や生物の痕跡から、生態や生きていた環境、進化の道すじを解明する。そこから、今生きている生物同士のつながりや、地球の歴史を探ることができる、とても壮大な学問だ。この本は、そんな恐竜や古生物の世界に興味をもつきっかけになるはずだ。

もくじ

◆ 太古の世界をのぞいてみよう!————————2
◆ 恐竜・古生物リスト(50音順)————————10
◆ 生物の分類図————————12
◆ 本の見方————————14

一章 栄 ～中生代の恐竜～　　15

◆ エオラプトル(Eoraptor)————————16
◆ シノサウルス(Sinosaurus)————————18
◆ メガロサウルス(Megalosaurus)————————20
◆ アンキオルニス(Anchiornis)————————21
◆ ブラキオサウルス(Brachiosaurus)————————22
◆ ケントロサウルス(Kentrosaurus)————————26
◆ ディプロドクス(Diplodocus)————————28
◆ アロサウルス(Allosaurus)————————30
◆ ステゴサウルス(Stegosaurus)————————32
◆ シノサウロプテリクス(Sinosauropteryx)– 36
◆ プシッタコサウルス(Psittacosaurus)————38
◆ ミクロラプトル(Microraptor)————————40

◆ ガストニア（*Gastonia*）— 42
◆ イグアノドン（*Iguanodon*）— 43
◆ デイノニクス（*Deinonychus*）— 44
◆ メイ（*Mei*）— 46
◆ フクイラプトル（*Fukuiraptor*）— 48
◆ アルゼンチノサウルス（*Argentinosaurus*）— 54
◆ ニッポノサウルス（*Nipponosaurus*）— 56
◆ ティラノサウルス（*Tyrannosaurus*）— 58
◆ パキケファロサウルス（*Pachycephalosaurus*）— 62
◆ ペンタケラトプス（*Pentaceratops*）— 64
◆ スピノサウルス（*Spinosaurus*）— 66
◆ ガリミムス（*Gallimimus*）— 70
◆ テリジノサウルス（*Therizinosaurus*）— 72
◆ アンキロサウルス（*Ankylosaurus*）— 74
◆ プロトケラトプス（*Protoceratops*）— 78
◆ トロオドン（*Troodon*）— 79
◆ パラサウロロフス（*Parasaurolophus*）— 80
◆ カルノタウルス（*Carnotaurus*）— 82
◆ トリケラトプス（*Triceratops*）— 84
◆ オヴィラプトル（*Oviraptor*）— 88
◆ スカンソリオプテリクス（*Scansoriopteryx*）— 90

二章 勢 ～中生代の生物～　93

◆ ノトサウルス (*Nothosaurus*) ——————————— 94
◆ タニストロフェウス (*Tanystropheus*) ————————— 96
◆ ロンギスクアマ (*Longisquama*) ———————————— 98
◆ ゲロトラックス (*Gerrothorax*) ————————————— 100
◆ アデロバシレウス (*Adelobasileus*) ————————— 101
◆ シャロヴィプテリクス (*Sharovypteryx*) —————— 102
◆ プラケリアス (*Placerias*) —————————————— 104
◆ プレシオサウルス (*Plesiosaurus*) ————————— 106
◆ イクチオサウルス (*Ichthyosaurus*) ————————— 110
◆ ディモルフォドン (*Dimorphodon*) ————————— 112
◆ リードシクティス (*Leedsichthys*) ———— 116
◆ リオプレウロドン (*Liopleurodon*) ———— 118
◆ アーケオプテリクス (*Archaeopteryx*) — 120
◆ プテロダウストロ (*Pterodaustro*) ———— 124
◆ ケツァルコアトルス (*Quetzalcoatlus*) — 126
◆ プテラノドン (*Pteranodon*) ——————— 128

- ◆ヘスペロルニス（*Hesperornis*）——————132
- ◆ベルゼブフォ（*Beelzebufo*）——————133
- ◆モササウルス（*Mosasaurus*）——————134
- ◆フタバサウルス（*Futabasaurus*）——————136
- ◆デイノスクス（*Deinosuchus*）——————140
- ◆パラプゾシア（*Parapuzosia*）——————142
- ◆アーケロン（*Archelon*）——————144

三章 奇 〜古生代の生物〜　149

- ◆ハルキゲニア（*Hallucigenia*）——————150
- ◆ゴチカリス（*Goticaris*）——————152
- ◆アノマロカリス（*Anomalocaris*）——————154
- ◆オットイア（*Ottoia*）——————158
- ◆マルレラ（*Marrella*）——————160
- ◆カメロケラス（*Cameroceras*）——————162
- ◆ルナタスピス（*Lunataspis*）——————163
- ◆アクティラムス（*Acutiramus*）——————164
- ◆クックソニア（*Cooksonia*）——————166
- ◆ドリアスピス（*Doryaspis*）——————168
- ◆ユーステノプテロン（*Eusthenopteron*）——————172
- ◆イクチオステガ（*Ichthyostega*）——————174

- ◆ ダンクルオステウス (*Dunkleosteus*) —————— 176
- ◆ アースロプレウラ (*Arthropleura*) —————— 180
- ◆ トゥリモンストルム (*Tullimonstrum*) —————— 182
- ◆ メガネウラ (*Meganeura*) —————— 184
- ◆ ファルカタス (*Falcatus*) —————— 188
- ◆ ヘリコプリオン (*Helicoprion*) —————— 189
- ◆ ディプロカウルス (*Diplocaulus*) —————— 190
- ◆ メソサウルス (*Mesosaurus*) —————— 192
- ◆ シカマイア (*Shikamaia*) —————— 196
- ◆ エステメノスクス (*Estemmenosuchus*) —————— 198
- ◆ ディメトロドン (*Dimetrodon*) —————— 200

四章 進 ～新生代の生物～　205

- ◆ ティタノボア (*Titanoboa*) —————— 206
- ◆ パラミス (*Paramys*) —————— 208
- ◆ アンドリューサルクス (*Andrewsarchus*) —————— 210
- ◆ バシロサウルス (*Basilosaurus*) —————— 211
- ◆ パキケタス (*Pakicetus*) —————— 212
- ◆ プロトプテルム (*Plotopterum*) —————— 216
- ◆ インドリコテリウム (*Indricotherium*) —————— 218
- ◆ リヴィアタン (*Leviathan*) —————— 220
- ◆ デスモスチルス (*Desmostylus*) —————— 224

- ◆ プラティベロドン (Platybelodon) ——— 225
- ◆ ドロモルニス (Dromornis) ——— 226
- ◆ カルカロクレス (Carchalochles) ——— 228
- ◆ メガテリウム (Megatherium) ——— 232
- ◆ ギガンテウスオオツノジカ (Megaloceros giganteus) ——— 234
- ◆ ケナガマンモス (Mammuthus primigenius) ——— 236
- ◆ スミロドン (Smilodon) ——— 240
- ◆ ダイアウルフ (Canis dirus) ——— 242
- ◆ ケブカサイ (Coelodonta antiquitatis) ——— 244
- ◆ グリプトドン (Glyptodon) ——— 245
- ◆ ギガントピテクス (Gigantopithecus) ——— 246

- ◆ 日本で発見された化石 — 50
- ◆ 恐竜と鳥類の関係 — 92
- ◆ 生きた化石 — 114
- ◆ 恐竜と古生物の名前 — 148
- ◆ 古代の植物 — 170
- ◆ 先カンブリア時代 — 204
- ◆ 生物の進化 — 222
- ◆ 化石と地層 — 250
- ◆ 化石発掘地マップ — 254

恐竜・古生物リスト（50音順）

あ

アーケオプテリクス	120	アンドリューサルクス	210
アーケロン	144	イグアノドン	43
アースロプレウラ	180	イクチオサウルス	110
アクティラムス	164	イクチオステガ	174
アデロバシレウス	101	インドリコテリウム	218
アノマロカリス	154	エオラプトル	16
アルゼンチノサウルス	54	エステメノスクス	198
アロサウルス	30	オヴィラプトル	88
アンキオルニス	21	オットイア	158
アンキロサウルス	74		

か

ガストニア	42	グリプトドン	245
カメロケラス	162	ケツァルコアトルス	126
ガリミムス	70	ケナガマンモス	236
カルカロクレス	228	ケブカサイ	244
カルノタウルス	82	ゲロトラックス	100
ギガンテウスオオツノジカ	234	ケントロサウルス	26
ギガントピテクス	246	ゴチカリス	152
クックソニア	166		

さ

シカマイア	196	スカンソリオプテリクス	90
シノサウルス	18	ステゴサウルス	32
シノサウロプテリクス	36	スピノサウルス	66
シャロヴィプテリクス	102	スミロドン	240

た

ダイアウルフ	242	デイノスクス	144
タニストロフェウス	96	デイノニクス	44
ダンクルオステウス	176	ディプロカウルス	190
ティタノボア	206	ディプロドクス	28

ディメトロドン	200	トゥリモンストゥルム	182
ディモルフォドン	112	ドリアスピス	168
ティラノサウルス	58	トリケラトプス	84
デスモスチルス	224	トロオドン	79
テリジノサウルス	72	ドロモルニス	226

な

ニッポノサウルス	56	ノトサウルス	94

は

パキケタス	212	プテロダウストロ	124
パキケファロサウルス	62	ブラキオサウルス	22
バシロサウルス	211	プラケリアス	104
パラサウロロフス	80	プラティベロドン	225
パラプゾシア	142	プレシオサウルス	106
パラミス	208	プロトケラトプス	78
ハルキゲニア	150	プロトプテルム	216
ファルカタス	188	ヘスペロルニス	132
フクイラプトル	48	ヘリコプリオン	189
プシッタコサウルス	38	ベルゼブフォ	133
フタバサウルス	136	ペンタケラトプス	64
プテラノドン	128		

ま

マルレラ	160	メガネウラ	184
ミクロラプトル	40	メガロサウルス	20
メイ	46	メソサウルス	192
メガテリウム	232	モササウルス	134

や

ユーステノプテロン	172		

ら

リードシクティス	116	ルナタスピス	163
リヴィアタン	220	ロンギスクアマ	98
リオプレウロドン	118		

生物の分類図

本書では古生物を、背骨をもつ「脊椎動物」と背骨をもたない「無脊椎動物」に分けて紹介している。その中でも恐竜は、「竜盤類」、「鳥盤類」というふたつのグループ内でさらに分類することができる。

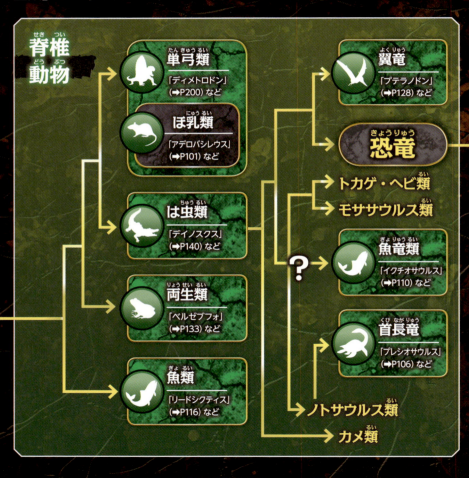

竜盤類

おもに肉食の獣脚類、巨大な体と長い首、尾をもつ竜脚形類を含むグループ。

 獣脚類 ——「ティラノサウルス」（→P58）など

 鳥類 「ドロモルニス」（→P226）など

 竜脚形類 ——「ブラキオサウルス」（→P22）など
- 古竜脚類
- 竜脚類

初期の鳥盤類

 角竜類 「トリケラトプス」（→P84）など

 堅頭竜類 「パキケファロサウルス」（→P62）など

 鳥脚類 「イグアノドン」（→P43）など

装盾類

 ヨロイ竜類 「アンキロサウルス」（→P74）など

 剣竜類 「ステゴサウルス」（→P32）など

鳥盤類

すべて草食でフリルや角、骨の板など、さまざまなすがたに進化したグループ。

新しい仮説

恐竜
- 竜盤類
  - 竜脚形類
  - ヘレラサウルス類
- 鳥肢類（?）
  - 獣脚類
  - 鳥盤類
    - 鳥脚類
    - 装盾類

2017年3月、恐竜の大きな分類をくつがえす論文が発表された。「獣脚類」と「鳥盤類」が近い関係にあるという分析結果が出たというのだ。このことから、「鳥盤類」に「獣脚類」を加えた「鳥肢類（?）」という新しい分類が考えられている。しかし、この仮説が正しいかどうかは、今後さらに研究する必要がある。

13

本の見方

地質時代表
古生物が生息していたと考えられている時代を色づけして紹介

解説
化石の発掘場所や研究から判明した生態、考えられている説などを紹介

古生物の名前

古生物の絵
発掘された化石や痕跡をもとにした古生物のイメージが描かれている

エオラプトル

鳥類や動物など、肉でも食べる最古の恐竜

エオラプトルは恐竜の中でももっとも古い時代に生きていたといわれている。体は小さく、頭から尾の先までは1mほどで、体高(地面から頭の上までの高さ)は大人の手のひらにのるくらい。体重は大人でも10kgほどだったといわれ、1~2歳の人間の赤ちゃんと同じくらいの重さだった。
鼻は細長く、口にはたくさんの歯が生えている。この歯には、肉食と草食

両方の特徴があるため、虫や植物などを食べていたと考えられている。足の指は5本あり、そのうちの1本にはほりヅメがついていた。後ろ足が長く、虫などの動物を追いかけるときは、すばやく走ることができたようだ。
「エオラプトル」という名前は「夜明け(のどろぼう)」という意味で、ほかの肉食恐竜たちのはじまりをさし、どうも、は、植物をおそうのはやや後のこったことを意味している。

調査レポート
ほぼ完全な化石が見つかっている「エオラプトル」だが、獣脚類と竜脚形類の両方の特徴をもっていることから、分類について今も議論されている。

「エオラプトル」の全身骨格

データ

竜盤類	大きさ：約1.5m
	生息年代：2億3140万年前ごろ
	発掘現場：アルゼンチン
	特徴：肉を食べる歯と、植物を食べる歯の両方の特徴をもつ、一番古い時代の恐竜
	食性：雑食

調査レポート
生物の化石や関係する情報などを紹介している

分類
古生物の分類を紹介。恐竜についてはとくに詳しく分類している

データ

大きさ：古生物が推定でどれくらいの大きさなのか

生息年代：古生物が推定で今から何年前に生息していたのか

発掘現場：化石が発掘されたおもな国や地域、大陸

特徴：古生物の見ためやどんな暮らしをしていたか

食性：おもに何を食べていたと考えられているか

一章

栄
〜中生代の恐竜〜

恐竜は中生代に栄えたは虫類だ。肉食の獣脚類や、巨大な体の竜脚形類、角で武装した角竜類や、骨の板で身を守るヨロイ竜類など、さまざまなすがたのものが現れた。

エオラプトル

昆虫や植物など、何でも食べる最古の恐竜

　「エオラプトル」は恐竜の中でももっとも古い時代に生きていたといわれている。体は小さく、頭から尾の先までは1.5メートルほど。体高（地面から頭の上までの高さ）は人間の大人の半分ぐらいしかない。体重は大人でも10キロほどだったといわれ、1〜2歳の人間の赤ちゃんと同じくらいの重さである。

　首は細長く、口にはたくさんの歯が生えている。この歯には、肉食と草食の両方の特徴があり、虫や植物など、何でも食べていたと考えられている。足の指は5本あり、そのうちの4本には鋭いツメがついていた。後ろ足が長く、虫などの獲物を追いかけるときは、すばやく走ることができたようだ。

　「エオラプトル」という名前は「夜明けのどろぼう」という意味。夜明けとは、恐竜時代のはじまりをさし、どろぼうは、獲物をおそうのがすばやかったことを意味している。

データ

竜盤類

大きさ	約1.5m
生息年代	2億3140万年前ごろ
発掘現場	アルゼンチン
特徴	肉を食べる歯と、植物を食べる歯の両方の特徴をもつ、一番古い時代の恐竜
食性	雑食

一章

17

古生代	中生代	新生代
前期三畳紀 / 中期三畳紀 / 後期三畳紀	**前期ジュラ紀** / 中期ジュラ紀 / 後期ジュラ紀	前期白亜紀 / 後期白亜紀

皿を半分に割ったようなトサカで敵をいかくする!?

　頭にふたつのトサカをもつ奇妙な恐竜「シノサウルス」。名前には「中国のトカゲ」という意味がある。化石は現在の中国の雲南省で見つかった。

　全長は約5メートル。前足は短く、長い後ろ足で立って歩く。頭のトサカは、皿を半分に割って突き立てたような形だ。このトサカは、攻撃するときの武器ではなく、敵をいかくするためのものだったという説がある。また、歯はほかの肉食恐竜に比べて細く、大型の獲物にはかみつけなかったようだ。そのため、ふだんは小動物や死んだ動物の肉などを食べていたのではないかと考えられている。

　「シノサウルス」は、北アメリカ大陸で見つかった「ディロフォサウルス」という、同じく頭にトサカをもつ肉食恐竜の仲間とされていた。しかし、その後、新たに頭の骨の一部、背骨などが見つかったことにより区別されるようになった。

調査レポート

化石からも頭部にもり上がりがあることがわかる。このトサカは、オスがメスの気をひくために使ったという説もある。

18

一章

シノサウルス

獣脚類

データ
- 大きさ　約5m
- 生息年代　2億100万〜1億9000万年前ごろ
- 発掘現場　中国
- 特徴　鼻の先から頭にかけて、ふたつのトサカをもつ
- 食性　小動物、死んだ動物の肉

メガロサウルス

獣脚類

世界ではじめて名前がついた肉食恐竜

イギリスの地質学者によって世界ではじめて名前をつけられた恐竜が「メガロサウルス」だ。名前の意味は「大きなトカゲ」。「トカゲ」とつけられたのは、当時はまだ恐竜という分類自体がなく、化石は巨大なは虫類のものだと思われていたためである。

体重はおよそ1トンと推測されている。2本足で歩き、足の先にはカギヅメがついていた。そのツメと鋭い歯で草食動物をおそって食べていた。

データ

大きさ	約8.5m
生息年代	1億6700万〜1億6400万年前ごろ
発掘現場	イギリス
特徴	世界ではじめて名前がつけられた恐竜
食性	動物

古生代			中生代			新生代	
前期三畳紀	中期三畳紀	後期三畳紀	前期ジュラ紀	中期ジュラ紀	**後期ジュラ紀**	前期白亜紀	後期白亜紀

一章

アンキオルニス

つばさが生えているのに飛べない!? 羽毛恐竜

「アンキオルニス」は「ほとんど鳥」という意味の名前をもつ、肉食の羽毛恐竜だ。これまでに見つかったもっとも原始的な鳥は「アーケオプテリクス」（→P120）だが、「アンキオルニス」はそれよりも1000万年ほど前から地球に存在していた。

体はとても小さく、前足と後ろ足にはつばさが生えていた。空を飛ぶことはできず、2本足で地上を歩いていたようだ。「アンキオルニス」は、頭は灰色、羽は白色、羽の先や体全体は黒か灰色と、研究によって体の色が細かくわかっている、めずらしい恐竜だ。

獣脚類

データ

大きさ	約35cm
生息年代	1億6100万〜1億5500万年前ごろ
発掘現場	中国
特徴	前足と後ろ足のつばさ
食性	小動物

古生代	中生代	新生代
前期三畳紀 / 中期三畳紀 / 後期三畳紀	前期ジュラ紀 / 中期ジュラ紀 / **後期ジュラ紀**	前期白亜紀 / 後期白亜紀

ブラキオサウルス

長い首と長い前足をもった草食恐竜

体の大きな恐竜として古くから知られている「ブラキオサウルス」。最初に化石が見つかったのは今から100年以上も前になる。「ブラキオ」とは「腕」という意味で、後ろ足よりも前足が長いことに由来する。頭のてっぺんがもり上がっているのも特徴だ。首は長く、体高（地面から頭の上までの高さ）は11メートルもあった。これは3階立ての建物と同じぐらいの高さだ。

発見された化石から、体重は40～70トンほどだったと考えられている。重い体を支えるため、水中で暮らしていたという説もあった。しかし、その後の研究で水中では肺や気管が水圧にたえられないことがわかり、この説は今では否定されている。

また、大きな体と長い首をいかして高い木の葉や枝を食べていたようだ。しかし、首をキリンにように高く上げることができたのかについては議論が続いている。

データ

竜脚形類

大きさ	約22m
生息年代	1億5560万～1億4550万年前ごろ
発掘現場	アメリカ
特徴	後ろ足よりも前足が長く、ほかの竜脚形類に比べて胴体がやや長い
食性	高い木の葉や枝

調査レポート
ブラキオサウルス

体がここまで大きくなった理由

体が大きいと敵におそわれにくくなるため、多くの草食恐竜は巨大に進化していったと考えられている。その中でも竜脚形類はとくに大きく進化した。1年間で数トンも体重が増える時期があったといわれている。

これは、食事の量、骨の成長速度、そして「気のう」とよばれる袋のおかげ。たくさんの植物を食べ、「気のう」を使って効率よく肺で酸素を取りこむことで、大量のエネルギーが生まれ、大きく成長することができたのだ。

体の特徴

「ブラキオサウルス」はほかの竜脚形類に比べ、胴が長いという特徴がある。

長い前足

「ブラキオサウルス」の前足は後ろ足よりも長く、腰よりも肩の位置が高い。

※写真の生物は「ブラキオサウルス」に近い種類である「ジラファティタン」とする説もある

一章

食事の仕方
枝ごとかぶりつき、葉をそぎとって丸のみにしていたといわれている。

骨格クローズアップ

長い首
「ブラキオサウルス」をはじめとする竜脚形類は、首が長いのが特徴。また、体に比べて頭は小さい。

「ジラファティタン」という別の竜脚類

「ブラキオサウルス」には、アメリカで発見された種と、アフリカで発見された種の2種類がいた。最近になり、この2種類は異なる恐竜なのではないかという研究結果が出て、「ジラファティタン」という別の名前がつけられた。このように、研究が進むことによって恐竜の名前が変わることもある。

「ジラファティタン」の頭部の化石

25

ケントロサウルス

一章

背中と尾に生えたトゲで身を守る草食恐竜

「ケントロサウルス」はアフリカのタンザニアで化石が発見された恐竜だ。名前には「トゲをもつトカゲ」という意味がある。

首から背中の真ん中まで板状の骨がならび、日光をあびることで体温を調節していたと考えられている。さらに真ん中から尾の先にかけては、名前のとおり鋭くとがったトゲがならび、肩のところにも大きなトゲがあった。このトゲは、敵から身を守る役割があったようだ。口は鳥のくちばしのような形で歯は少ない。低いところに生えた植物を食べていたと考えられている。

「ケントロサウルス」は「ステゴサウルス」(→P32)と同じ剣竜類だが、「ステゴサウルス」にはトゲが尾の先にしかなく、背中の板の幅が広い。また、体の大きさは「ステゴサウルス」に比べて「ケントロサウルス」のほうが2メートルほど小さかった。

調査レポート

「ケントロサウルス」の全身骨格は2体あったが、1体は戦争で破壊されてしまい、現在完全なものは写真の1体しかない。

古生代			中生代				新生代	
前期三畳紀	中期三畳紀	後期三畳紀	前期ジュラ紀	中期ジュラ紀	**後期ジュラ紀**	前期白亜紀	後期白亜紀

ディプロドクス

ムチのように尾をふり回す、巨大な草食恐竜

　「ディプロドクス」はアメリカで発見された恐竜で、全長は約20〜30メートル、体重はおよそ20〜30トン。現在のアフリカゾウの3〜4倍のもの大きさである。「ブラキオサウルス」（→P22）と同じ竜脚形類に分類される。
　尾はとても細長い。発見された化石には尾の近くにトゲがあったが、背中にまであったかはわかっていない。その尾をムチのようにふり回し、おそってくる肉食恐竜から身を守っていたと考えられている。アゴには細い歯がクシのように生えていて、植物をむしりとりやすい形をしていた。
　「ディプロドクス」は体が巨大であるにもかかわらず、脳は人間の大人のにぎりこぶしほどの大きさしかなかったことがわかっている。

調査レポート

ドイツのベルリン駅にある全身骨格の標本。尾がとても長いことがわかる。この尾で敵から身を守っていたようだ。

一章

データ	
竜脚形類	
大きさ	約20〜30m
生息年代	1億5200万年前ごろ
発掘現場	アメリカ
特徴	首と尾が長く、尾の先はムチのようにしなやかだった
食性	高い木の葉や枝

| 古生代 | 中生代 | 新生代 |

前期三畳紀 | 中期三畳紀 | 後期三畳紀 | 前期ジュラ紀 | 中期ジュラ紀 | **後期ジュラ紀** | 前期白亜紀 | 後期白亜紀

データ

獣脚類

- 大きさ：約9m
- 生息年代：1億5000万～1億4700万年前ごろ
- 発掘現場：アメリカ
- 特徴：目の上にあるコブ状の骨。口を大きく広げることができる
- 食性：動物

アロサウルス

一章

ナイフのような歯で獲物をおそう凶暴な恐竜

後期ジュラ紀の北アメリカ大陸に生息していたやや大型の肉食恐竜が「アロサウルス」だ。体の大きさに比べて体重が軽いため、動きはすばやかったようだ。頭も小さめで軽く、左右の目の上にはコブ状の骨の突起があった。

ふだんは、「ステゴサウルス」（→P32）などの草食恐竜をおそって食べていた。「アロサウルス」はほかの恐竜に比べ、口を大きく広げることができたので、自分よりも大きな恐竜にもかかんに向かっていたようだ。また、前足にはカギヅメがついており、そのツメで獲物をがっちりと押さえこみ、ナイフのように鋭い歯で獲物の肉をかみちぎっていたという。食料に困ったときは、とも食いをしていたとも考えられている。

調査レポート

「アロサウルス」は「ティラノサウルス」（→P58）と比べ、頭やアゴが小さかった。また、運動能力がすぐれていたようだ。

一章

ステゴサウルス

背中の板で体温を調節する恐竜

　背中の板と尾のトゲが特徴的な恐竜が「ステゴサウルス」だ。全長は約7メートル。4本足で歩き、群れで暮らしていた。

　最大の特徴である背中の板は、ひし形で大きさは50センチほど。中には血管がとおっており、太陽の光で血を温め、体温調節をしていた。また、敵をいかくするときにもこの板を使っていた、という意見もある。

　肉食恐竜から標的にされたときは、4本のかたいトゲがついた尾をふって追いはらっていたと考えられている。

　「ステゴサウルス」のかむ力は、現代のイヌより弱いという説がある。一方でウシやヒツジと同じくらい強く、かたい葉も食べていたという説もあり、研究者によって意見が分かれている。

データ

剣竜類

大きさ	約7m
生息年代	1億5500万年前ごろ
発掘現場	アメリカ、ポルトガル
特徴	背中にひし形の板がある。尾の先には4本のかたいトゲがついている
食性	植物

調査レポート
ステゴサウルス

体の大きさのわりに頭と脳は小さい

「ステゴサウルス」は、体は大きめだが、頭はおどろくほど小さい。アゴは細長く、歯は小さめだ。頭だけでなく、脳も小さかったといわれ、クルミほどの大きさだった。同じぐらいの体重である現在のゾウの脳と比べると、約10分の1の大きさだ。

背中の板

交互に2列ならんだ背中の板は、太陽の光にあてることで血管を温め、体温を調節していたといわれている。

骨格クローズアップ

骨のヨロイ

首の下にある小さな骨のヨロイは肉食恐竜のキバから弱点であるのどを守るのに役立った。

一章

尾のトゲも成長する

「ステゴサウルス」の特徴のひとつが、尾の先にあるトゲ。このトゲは骨でできたものだが、子どものときは、まだ中身がスカスカでもろい。そのため、武器としてまだ使えなかったと推測される。形も円錐形（断面が円形で先がとがった形）ではなく、平たい形をしていた。トゲは成長していくにつれて骨の密度が高くなり、頑丈になっていった。形も少しずつ、先が円錐形になり、大人になると立派な武器になったようだ。

尾のトゲ

「ステゴサウルス」をはじめ、剣竜類は尾にトゲをもっている。このトゲで敵を攻撃する。

名前の由来

「ステゴサウルス」とは「屋根をもつトカゲ」という意味。屋根は背中の板のことをさしている。

35

		中生代					
古生代						新生代	
前期三畳紀	中期三畳紀	後期三畳紀	前期ジュラ紀	中期ジュラ紀	後期ジュラ紀	前期白亜紀	後期白亜紀

鳥への進化説の証拠になった恐竜

　全長1メートルほどの小さな恐竜で、世界ではじめて羽毛がついた状態で化石が見つかったのが「シノサウロプテリクス」だ。

　歯にはノコギリ状のギザギザがあり、トカゲなどの小さい動物を食べていた。ほかの獣脚類に比べて尾が長いのが特徴で、この尾を使い、歩くときにバランスをとっていたようだ。

　化石が発見されたときは、羽毛があったことから鳥だと考えられたが、その後の研究で、鳥にはない指の骨の発達や、獣脚類の特徴をもつ歯が見つかり、恐竜だということが明らかになった。

　また、化石にのこっていた色素を調べたところ、羽毛の色が茶色と白のしま模様だということがわかった。「シノサウロプテリクス」は「アンキオルニス」（➡P21）同様、体の色が明らかになった数少ない恐竜なのだ。羽毛は飛ぶためのものではなく、体温を保つ役割があると考えられている。

調査レポート

はじめは古代の鳥の化石だと思われていた「シノサウロプテリクス」。鳥が恐竜から進化したことを裏づける証拠として、世界中の注目を集めた。

シノサウロプテリクス

一章

データ

獣脚類

- 大きさ: 約1m
- 生息年代: 1億2400万〜1億2200万年前ごろ
- 発掘現場: 中国
- 特徴: 尾は長く、体は茶色と白の羽毛におおわれている
- 食性: 小動物

古生代	中生代					新生代	
前期三畳紀	中期三畳紀	後期三畳紀	前期ジュラ紀	中期ジュラ紀	後期ジュラ紀	前期白亜紀	後期白亜紀

体の色で肉食恐竜の
目をあざむく、ニンジャ恐竜

　「プシッタコサウルス」の名前の意味は「オウムトカゲ」。その名のとおり、オウムのようなくちばしをもち、尾にはブラシのような毛が生えていた。体の大きさは約2メートルと小さい。子どものころは4本足、大人になると2本足で歩いていたと考えられている。原始的な角竜の仲間だが、角はなく、ほお骨がとがっている。

　化石が発見された場所はモンゴルやタイ、中国など。この地域には多くの肉食恐竜がいたため、身を守ろうと群れで暮らすことが多かったようだ。

　また、化石にのこっていた色素から、背中がこい茶色で、おなかがうすい茶色だったということがわかっている。この色は景色に溶けこみ、敵の目をあざむくのに役立っていた。

データ

角竜類

大きさ	約2m
生息年代	1億2500万〜1億年前ごろ
発掘現場	モンゴル、中国、タイ
特徴	オウムのようなくちばし。尾に生えたブラシのような毛
食性	植物

38

一章 プシッタコサウルス

調査レポート

オウムのようなくちばしが特徴的だが、アゴの筋肉はあまり発達していなかった。おなかに胃石とよばれる石を飲みこみ、食べた植物を細かくしていたようだ。

古生代			中生代				新生代
前期三畳紀	中期三畳紀	後期三畳紀	前期ジュラ紀	中期ジュラ紀	後期ジュラ紀	**前期白亜紀**	後期白亜紀

グライダーのように空を飛ぶ！ 小さな羽毛恐竜

　中国で発見された、「小さなどろぼう」という意味の名前をもつ「ミクロラプトル」。全長が約80センチと小さく、おもに木の上で暮らしていたようだ。前足と後ろ足につばさが合計4枚ついている。また、尾の先にも羽がついていた。つばさについている羽は鳥類のものと形が似ており、空を飛ぶのに適したものだった。

　自分の力で飛ぶというより、木の上から風などを利用して、羽ばたかずにグライダーのように飛んでいたと考えられている。

　前足の先にはカギヅメがついており、木に登るのが得意だったという説もある。肉食で、小さくて鋭い歯をもっていた。「ミクロラプトル」の羽毛の化石にのこっていた色素を電子顕微鏡で分析したところ、羽の色は光沢のある黒だったということがわかった。

「ミクロラプトル」の化石

調査レポート

「ミクロラプトル」は、胸の筋肉が発達していたため鳥のようにはばたくことができた、と考える研究者もいる。

一章

ミクロラプトル

データ

獣脚類

大きさ	約80cm
生息年代	1億2000万年前ごろ
発掘現場	中国
特徴	前足と後ろ足のつばさ。羽は黒くて光沢がある
食性	小動物、魚

古生代			中生代				新生代	
前期三畳紀	中期三畳紀	後期三畳紀	前期ジュラ紀	中期ジュラ紀	後期ジュラ紀	**前期白亜紀**	後期白亜紀

ガストニア

ヨロイ竜類

背中のトゲで敵を撃退！ アメリカのヨロイ竜

　アメリカで発見されたヨロイ竜の一種が「ガストニア」だ。手足が短く、ゆっくりと4本足で歩いていた。首から尾にかけてトゲがきれいにならんでいる。敵にかんたんにかみつかせないために、このトゲが必要だったのだ。「アンキロサウルス」（➡P74）と同じヨロイ竜の仲間だが、ノドサウルス類という尾の先にコブのないグループに分類される。

データ

大きさ	約4.5m
生息年代	1億2600万年前ごろ
発掘現場	アメリカ
特徴	首から尾にかけてトゲがならんでいる
食性	植物

古生代			中生代				新生代
前期三畳紀	中期三畳紀	後期三畳紀	前期ジュラ紀	中期ジュラ紀	後期ジュラ紀	**前期白亜紀**	後期白亜紀

一章

イグアノドン

世界で2番目に名前がついた恐竜

「イグアノドン」は前期白亜紀の草食恐竜。馬のような細長い頭と、鋭くとがった親指のツメが特徴だ。手足は長く、子どものうちは2足、大人になると4足でも歩いていた。

前足の小指は関節の向きがほかの指とは違うため、前足でものをつかむことができた。ヨーロッパで多くの化石が発見され、ふだんは群れで暮らしていたと考えられている。「メガロサウルス」（→P20）に続き、世界で2番目に名前がついた恐竜だ。

鳥脚類

データ

大きさ	約9m
生息年代	前期白亜紀
発掘現場	ベルギー、イギリス、ドイツなど
特徴	親指のツメが鋭くとがっている
食性	植物

古生代			中生代			新生代	
前期三畳紀	中期三畳紀	後期三畳紀	前期ジュラ紀	中期ジュラ紀	後期ジュラ紀	**前期白亜紀**	後期白亜紀

上下に回転するツメをもつ肉食恐竜

「恐ろしいカギヅメ」という意味の名前をもつ小型の肉食恐竜が「デイノニクス」だ。全長は約3メートルで体重も約100キロと恐竜の中では軽いほうだ。足の指のうち、人差し指はほかの指よりツメが大きく、その長さは約13〜15センチ。肉を切りさくことはできなかったが、敵に突き刺すようにして使っていた。

恐竜の中では脳が大きいほうで、非常に頭がよかったと考えられる。また、ふだんから仲間といっしょに行動していた可能性がある。

足が速く、しっぽでバランスをとりながら、時速約40キロほどで走ることができた。体をおおう羽毛は、体温のコントロールや卵を温めるために使われていたと考えられている。

調査レポート

「デイノニクス」の足は4本指で、人差し指には大きなツメがある。このツメは、歩くときは上向きに、獲物をおそうときは下向きに回転するしくみになっていた。

一章 デイノニクス

データ

獣脚類

大きさ	約3m
生息年代	1億1500万〜1億800万年前ごろ
発掘現場	アメリカ
特徴	足にあるツメのうち、人差し指が大きく、上下に回すことができた
食性	動物

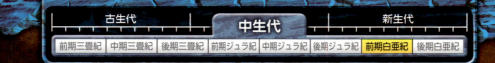

古生代	中生代	新生代
前期三畳紀 中期三畳紀 後期三畳紀	前期ジュラ紀 中期ジュラ紀 後期ジュラ紀	**前期白亜紀** 後期白亜紀

「メイ」の化石
資料提供：「Gao et al 2012.PLoS one」

調査レポート

写真の左側が尾から腰。右側が首から頭になる。尾と胴体の間に頭を入れて、丸まったようなすがたをしている。

一章 メイ

ねむったようなすがたで化石になった恐竜

「メイ」は正式には「メイ・ロン」という名前の恐竜で、中国語で「静かにねむる竜」という意味をもつ。名前のとおり、発見された化石はねむるようなすがたをしていた。この化石は大人になりかけで、体の大きさは50センチほど。長い後ろ足で立ち、走るのが得意だったようだ。

最初に見つかった化石は前足をおりたたみ、頭をその間にはさんでいた。これは、鳥がねむるときのすがたに非常によく似ている。

ワニやトカゲは変温動物といわれ、外の温度に合わせて体温が変わる。一方、鳥類やほ乳類は外の温度に関係なく体温を保つことができる恒温動物といわれる。「メイ」は恒温動物であった可能性が高いと考えられている。体を丸めることで体温が下がることを防いでいたのかもしれない。

データ

獣脚類

大きさ	約50cm（子どもの大きさ）
生息年代	1億3900万年〜1億2800万年前ごろ
発掘現場	中国
特徴	長い後ろ足と尾。化石はねむったようなすがたで発見された
食性	不明だが、草食だったという説もある

古生代	中生代	新生代

前期三畳紀	中期三畳紀	後期三畳紀	前期ジュラ紀	中期ジュラ紀	後期ジュラ紀	前期白亜紀	後期白亜紀

日本ではじめて全身骨格が復元された恐竜

日本ではじめて全身骨格が復元された恐竜が「フクイラプトル」だ。名前は化石が発掘された福井県に由来する。

体の大きさは約4メートルと、恐竜の中ではそれほど大きくない。ただ、見つかった化石は成長しきっていないため、大人に成長すればもう少し大きい可能性がある。鋭いカギヅメと長い後ろ足をもち、動きはすばやかった。

以前は後期ジュラ紀に中国に生息していた「シンラプトル」という恐竜の仲間だとされていたが、最近は後期白亜紀のアルゼンチンに生息していた「メガラプトル」という恐竜の仲間だと考えられている。また、「メガラプトル」が「ティラノサウルス」（➡P58）の仲間として分類されたことで、「フクイラプトル」も「ティラノサウルス」の仲間ではないかと、今も議論されている。

データ

獣脚類

大きさ	約4m
生息年代	1億2000万年前ごろ
発掘現場	日本（福井県）
特徴	手に鋭いカギヅメをもち、2足歩行ですばやく動くことができた
食性	動物

一章

フクイラプトル

調査レポート

福井県勝山市は日本有数の化石の発掘地として有名。「フクイラプトル」もこの地で発掘され、2000年に名前がつけられた。

日本で発見された化石

福井県勝山市の恐竜

国内で発見され学名がつけられた新種の恐竜は現在7種。そのうち、「フクイサウルス」、「フクイラプトル」（➡P48）、「フクイベナートル」、「フクイティタン」、「コシサウルス」の5種は福井県の勝山市で化石が発掘された。勝山市は日本有数の恐竜の化石産地なのだ。足跡や卵の化石なども見つかり、この地にいた恐竜の様子が日々解明されている。

「フクイサウルス」
前期白亜紀に生息していたイグアノドンの仲間の草食恐竜。

「フクイラプトル」（➡P48）
前期白亜紀に生息していた福井県を代表する肉食恐竜。

「フクイベナートル」
2007年に発見された「フクイの狩人」という意味の名前をもつ恐竜。

「コシサウルス」
2015年に名前がつけられた新種のイグアノドン類。

「フクイティタン」
歯や手足の骨などが発見されている、日本で最初に学名がつけられた竜脚形類。

歯　腕の骨　太ももの骨

手取層群とは

福井県の勝山市でこれほど多く恐竜の化石が発掘されるのは、手取層群とよばれる中生代の地層が広がっているため。この地層からは恐竜以外にもほ乳類、は虫類、鳥類、貝や植物の化石が発掘されている。手取層群は福井県だけではなく、石川、富山、岐阜の4つの県に広がる地層で、中生代のころは、まだこの一帯はアジア大陸とつながっていた。

大規模な発掘調査は、はじめて行われた1989年から4度にわたり、計15年以上行われている。

天然記念物に指定された化石

2017年、福井県勝山市の「勝山恐竜化石群及び産地」が、恐竜化石としてはじめて国の天然記念物に指定された。これは、長年にわたって福井県が恐竜化石の発掘調査を勝山市北谷で行った結果、日本でもっとも多くの種類の恐竜が発見され、当時の環境が明らかにされていることなどが認められたものである。全体の70％以上の骨格化石がそろった「フクイベナートル」など、保存状態がとてもよいことも高く評価されている。

約1億2000万年前の白亜紀前期の地層からは、獣脚類やイグアノドン類をはじめ、多くの恐竜の骨や歯などが見つかり、足跡の化石からは恐竜の群れがここに生息していたことが明らかになっている。

発掘調査現場となる場所で発見された、ワニの化石。ほぼ1体分の骨が産出している。

また、卵のカラや大きく成長する前の骨も発掘され、恐竜たちの生活が少しずつわかるようになった。これ以外にも、は虫類や魚類などの化石が多数発掘されており、1982年にはワニの全身骨格の化石も発見されている。

勝山市からの発見が多い理由としては、福井県が早くから恐竜化石の発見を目的とした調査を行い、大規模で集中的な発掘を行ってきたことがあげられる。

福井県勝山市の発掘現場。赤線で囲まれた部分が天然記念物に指定された崖。

発掘調査現場近くにある福井県立恐竜博物館では、発掘した化石のクリーニングが行われている。

日本のおもな恐竜化石の産地

　日本ではこれまでに北海道と18の県で恐竜の化石が確認されている。北海道夕張市からはヨロイ竜類の頭の骨の一部が見つかり、群馬県神流町では肉食恐竜の背骨などが発見された。北陸地方に広がる手取層群のうち、石川県白山市桑島からは「カガリュウ」とよばれる肉食恐竜の歯や足跡の化石などが確認されているほか、富山県富山市の大山地区では肉食恐竜の歯や、300個以上の恐竜や鳥の足跡化石などが見つかっている。また、三重県鳥羽市と兵庫県丹波市で竜脚類の骨が、徳島県勝浦町でイグアノドン類や竜脚類のものと思われる歯の化石が発見され、熊本県の天草諸島では肉食恐竜の歯や草食恐竜の足の骨、長崎県からはティラノサウルス科の歯が確認されている。

「カガリュウ」の歯の化石。肉食恐竜と考えられているが、詳しいことはまだわかっていない。

日本ではじめて見つかった恐竜化石

　岩手県岩泉町の茂師周辺は、古くから貝の化石の産地として知られている。アンモナイトやウミユリなどの海の生物がたくさん見つかっていたが、1978年に巨大な骨の一部が見つかった。これは発掘された場所の地名から「モシリュウ」とよばれ、「ニッポノサウルス」（→P56）を除くと、日本ではじめて発見された恐竜の化石であった。

　しかし、はじめての発見記録が、13年も前になることが2017年に発表された。1965年にはすでに恐竜の卵の化石が山口県下関市で発見されており、当時はどういった化石かわからなかったが、2017年に研究者の鑑定により、恐竜の卵化石であることがわかったというのだ。

写真は「ニッポノサウルス」（→P56）の復元模型。

53

古生代	中生代	新生代
前期三畳紀 / 中期三畳紀 / 後期三畳紀	前期ジュラ紀 / 中期ジュラ紀 / 後期ジュラ紀	前期白亜紀 / **後期白亜紀**

データ

竜脚形類

- **大きさ**: 約30〜40m
- **生息年代**: 1億1300万〜9390万年前ごろ
- **発掘現場**: アルゼンチン
- **特徴**: 見つかっているすねの骨だけで1.5メートルにもなる最大級の体
- **食性**: 高い木の葉や枝

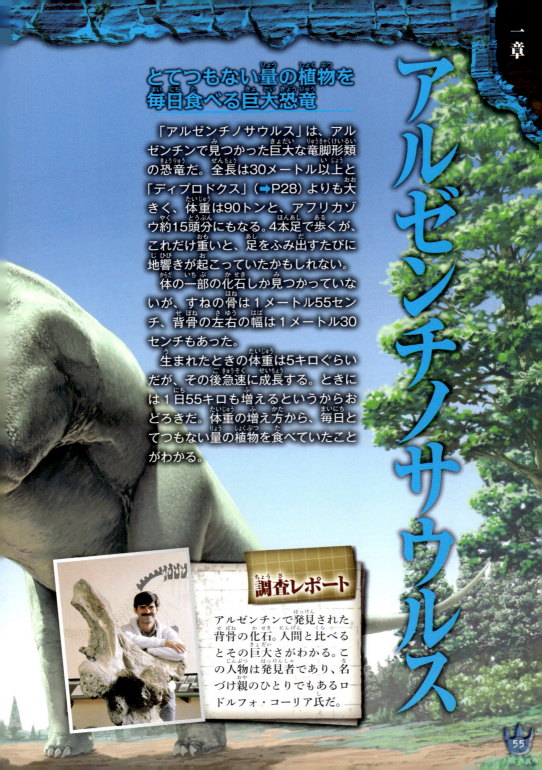

アルゼンチノサウルス

一章

とてつもない量の植物を毎日食べる巨大恐竜

「アルゼンチノサウルス」は、アルゼンチンで見つかった巨大な竜脚形類の恐竜だ。全長は30メートル以上と「ディプロドクス」（→P28）よりも大きく、体重は90トンと、アフリカゾウ約15頭分にもなる。4本足で歩くが、これだけ重いと、足をふみ出すたびに地響きが起こっていたかもしれない。

体の一部の化石しか見つかっていないが、すねの骨は1メートル55センチ、背骨の左右の幅は1メートル30センチもあった。

生まれたときの体重は5キロぐらいだが、その後急速に成長する。ときには1日55キロも増えるというからおどろきだ。体重の増え方から、毎日とてつもない量の植物を食べていたことがわかる。

調査レポート

アルゼンチンで発見された背骨の化石。人間と比べるとその巨大さがわかる。この人物は発見者であり、名づけ親のひとりでもあるロドルフォ・コーリア氏だ。

55

古生代	中生代	新生代
前期三畳紀 / 中期三畳紀 / 後期三畳紀 / 前期ジュラ紀 / 中期ジュラ紀 / 後期ジュラ紀 / 前期白亜紀 / **後期白亜紀**		

日本人がはじめて学名をつけた恐竜

　日本人によってはじめて研究され、名前をつけられた恐竜が「ニッポノサウルス」だ。化石は樺太の川上炭鉱で、石炭を掘り出しているときに見つかった。その後、化石の発掘は1934年と1937年の2回行われ、全身の約60%の骨を集めることに成功した。その化石をもとに骨格が復元された。

　見つかった化石は子どもの骨で全長3メートルほどだが、成長すればもっと大きくなると考えられている。下アゴの骨が横にはり出し、ヒジから手首までの骨が短い。

　また、「ニッポノサウルス」はハドロサウルス類という草食恐竜に分類される。ハドロサウルス類は、口にある何百本もの歯がひとつにつながったような形になっているのが特徴だ。これは、デンタルバッテリーとよばれる歯の構造で、上の歯と下の歯をこすり合わせることで植物をすりつぶして食べていた。

調査レポート

デンタルバッテリーとはいくつもの歯が組み合わさったしくみのこと。歯がすりへると、次の歯が下から生えてくるしくみになっていた。

ニッポノサウルス

一章

データ

鳥脚類

- 大きさ: 約3m（子どもの大きさ）
- 生息年代: 8630万～8400万年前ごろ
- 発掘現場: ロシア
- 特徴: 横にはり出した下アゴ。ヒジから手首までの骨が短い
- 食性: 植物

57

一章

ティラノサウルス

肉を引きさき、かみくだく！巨大な肉食恐竜

　もっとも有名な恐竜の一種である「ティラノサウルス」。頭がとても大きく、強力なアゴと太い歯が特徴だ。この歯で獲物を食いちぎり、骨までかみくだいて食べていた。鼻がとてもよく利き、遠くからでも獲物のにおいをかぎ分けることができたようだ。

　体はがっしりとしていて巨大だが、そのわりに腕はとても短い。太ももの骨は長さが1メートルほどあった。ただ、足はそれほど速くはなく、時速30キロほどしか出せなかったようだ。そのため、待ちぶせをしたり、仲間と協力して獲物をとらえていたとも考えられている。

　化石は北アメリカ大陸で発見されたが、似たような恐竜がアジア大陸でも見つかっている。そのため祖先はアジア大陸で生まれ、その仲間が北アメリカ大陸にわたって進化したと考えられている。

調査レポート
ティラノサウルス

名前の由来
「ティラノサウルス」とは「暴君のトカゲ」という意味。

骨格クローズアップ

体の大きさ
実は、「ティラノサウルス」はオスよりもメスのほうが体が大きかったといわれている。

足の速さ
最高でも時速約30キロほどといわれ、現代のゾウやカバよりも遅かったのではないかと考えられている。

一章

骨ごと肉を引きちぎる、進化した歯！

肉食恐竜の歯は、先がとがったギザギザの形をしたものが多い。これは肉を切りやすくするためだ。「ティラノサウルス」も同様で、肉の奥の骨まで歯を食いこませ、引きちぎるのに最適な形だったという。さらに骨もくだく頑丈なアゴをもっていた。ちなみに恐竜は生きてる間に新しい歯が何度でも生えてきたという。

狩りはしない？
狩りをせず、死んだ動物の肉をあさっていたという説もあり、今も議論が続いている。

子どもの体は羽毛でおおわれていた？

「ティラノサウルス」の体にも羽毛が生えていたという説がある。「ティラノサウルス」の祖先にあたる恐竜の化石からも羽毛の跡が見つかったのだ。この羽毛は体温を保つためのものだとされている。「ティラノサウルス」のような大型恐竜は体が冷えにくく、羽毛の必要はなかったはずだが、体が小さい子どものときは必要だったのかもしれない。大人になるにつれて少しずつ羽毛が抜けていったのではないかと考えられている。

古生代	中生代	新生代
前期三畳紀 / 中期三畳紀 / 後期三畳紀	前期ジュラ紀 / 中期ジュラ紀 / 後期ジュラ紀	前期白亜紀 / **後期白亜紀**

かたくてあつい頭をもつ草食恐竜

「パキケファロサウルス」は、もり上がった頭が特徴的な恐竜だ。堅頭竜類という、頭の骨に特徴があるグループに分類され、名前も「ぶあつい頭をもつトカゲ」を意味している。

頭の骨はドーム状になっていて、骨の一番あつい部分は約20センチもあり、とてもかたかった。頭の後ろから鼻先にかけてトゲが生えているが、こうした頭のもり上がりやトゲは、肉食恐竜から身を守るためなどに役立ったと考えられている。

口先はくちばし状になっており、植物をついばんで食べていた。胴体はどっしりとしていて、長い尾でバランスをとりながら走っていた。

データ

堅頭竜類

- 大きさ：約3m
- 生息年代：約6600万年前ごろ
- 発掘現場：アメリカ
- 特徴：かたい骨でできたドーム状の頭。頭の後ろから鼻先にかけて生えているトゲ
- 食性：植物

一章 パキケファロサウルス

調査レポート

丸いドーム状のかたい頭は、異性の気をひくためや、大人と子どもを見分けるためにあったという説もある。

ペンタケラトプス

5本の角とフリルで防御力バツグンの巨大恐竜

　「ペンタケラトプス」という名前は、「5本の角をもつ顔」という意味。目の上に長い角が2本、鼻先に短い角が1本、さらにほおにも2本の角があるため、このような名前がついた。

　全長は約5メートル。4本足で歩く草食恐竜で、くちばしで足元の植物などをむしりとって食べていたと考えられている。

　大きなフリルが首をおおっており、そのまわりには三角形の突起がならんでいる。角竜の中でもっとも大きなフリルをもっていたと考えられており、足元からフリルの先までは3メートルもの高さになった。角やフリルはほかの肉食恐竜から身を守るのに役立ったと推測される。

　化石はアメリカのニューメキシコ州で、現地の有名な化石収集家、チャールズ・H・スタンバーグ氏が発見した。

一章

「ペンタケラトプス」の頭部の化石

調査レポート

　「ペンタケラプトス」と分類されていた化石を再調査したところ、別の新種恐竜の化石という可能性が出てきた。しかし、成長による違いの可能性もあるため、研究者によって意見が分かれている。

65

古生代	中生代	新生代
前期三畳紀 / 中期三畳紀 / 後期三畳紀 / 前期ジュラ紀 / 中期ジュラ紀 / 後期ジュラ紀 / 前期白亜紀 / **後期白亜紀**

スピノサウルス

背中に帆をもち、上手に水の中を泳ぐ魚食恐竜

「スピノサウルス」はアフリカ大陸に生息していた恐竜で、その名前は「トゲトカゲ」を意味する。全長は約15メートル。獣脚類ではめずらしく4本足で歩いていた、という説もある。また、背中に大きな帆があるが、これは水中で体のバランスを安定させるためのものだといわれている。

このように「スピノサウルス」は、水中での生活に適した体をしていた。たとえば、水中でも呼吸しやすいように鼻の穴が頭の上のほうについていた。さらに足の骨が重く、水中で姿勢を保ちやすくなっていた。

また、口の先のほうが波うった形をしており、魚をつかまえるのに適していた。このような特徴から、最近では「スピノサウルス」はほとんどの時間を水中で暮らしていたのではないか、という意見も出てきている。

データ

獣脚類		
	大きさ	約15m
	生息年代	約9700万年前ごろ
	発掘現場	エジプト
	特徴	背中の大きな帆。頭の上側についた鼻。波うった形の口
	食性	魚

調査レポート
スピノサウルス

骨格クローズアップ

細長い口
「スピノサウルス」類の特徴は、ワニのように細長い口だ。

前足のカギヅメ
3本指についたカギヅメは、大きな口とともに強力な武器になってたはずだ。

陸上の肉食恐竜とは違う特徴的な形の歯

「スピノサウルス」の歯は、陸上の肉食恐竜とは違い、ギザギザが小さく、丸みのある形になっている。この形は、魚を食べるのに適しており、水中で動きまわる魚をしっかりととらえ、逃げないようにすることができたようだ。

名前の由来

「スピノサウルス」とは「トゲトカゲ」という意味。背中の帆をさえるトゲのような骨に由来している。

4足歩行説

2足歩行の獣脚類に比べ、後ろ足が短いことから、「スピノサウルス」は4足歩行だったという説もある。

ワニのように敵を狙う水中のハンター

「スピノサウルス」の狩りは現在のワニのように待ちぶせをしていたという説がある。鼻の位置や構造は、まさに現代のワニそのもので、水面に浮かびながら呼吸を続け、獲物を狙っていたのかもしれない。また、鼻の先はセンサーのような役割をはたしていたと考えられており、獲物の動きを水のゆれから感じ取り、目の前の獲物が動いた瞬間におそいかかっていたと思われる。

ワニと違う点は巨大な帆があること。これは水中で姿勢を安定させるために使われていたと考えられている。

古生代	中生代	新生代
前期三畳紀 / 中期三畳紀 / 後期三畳紀	前期ジュラ紀 / 中期ジュラ紀 / 後期ジュラ紀 / 前期白亜紀 / **後期白亜紀**

足の速さは一番！
ダチョウのような恐竜

　モンゴルのゴビ砂漠で発見され、「鳥もどき」ともよばれる恐竜が「ガリミムス」だ。全長は約4.5メートルで、長い首と足が特徴だ。小さな頭には、大きな目とくちばしがあった。くちばしには歯がなく、池や湖などで小さな生物をすくって食べていたようだ。

　しっかりした太い後ろ足と、細長い前足をもっており、2本足で歩いていた。足が速く、時速約60キロで走ることができたようだ。これは現在のライオンと同じくらいの速さで、発見されている恐竜の中では一番速く走れたといわれている。そのため、獲物をつかまえるのも、敵から逃げるのも得意だったようだ。

　化石から羽毛の跡は見つかっていないが、鳥類に近い特徴をもつことから羽毛におおわれていた可能性もある。

データ

獣脚類		
	大きさ	約4.5m
	生息年代	7200万年前ごろ
	発掘現場	モンゴル
	特徴	小さな頭と大きな目。太い後ろ足で速く走れる
	食性	水中の小さな生物、植物

一章

ガリミムス

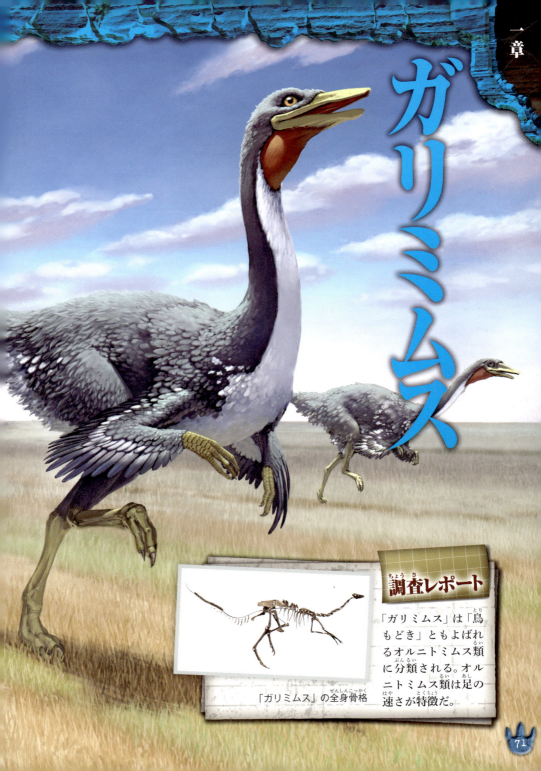

調査レポート

「ガリミムス」は「鳥もどき」ともよばれるオルニトミムス類に分類される。オルニトミムス類は足の速さが特徴だ。

「ガリミムス」の全身骨格

71

一章 テリジノサウルス

アンバランスな体と長いツメをもつ恐竜

「テリジノサウルス」は、でっぷりとふくらんだおなかと、長いツメが特徴的な恐竜だ。全長は約10メートルで、腕からツメの先までの長さは約2メートルもある。なぜこんな体型をしていたのかはいまだにわかっていない。すばやく動くのは苦手だったようだ。

ツメの長さは70センチほど。獲物を切りさくためや、地面を掘って昆虫を食べるためなど、このツメの使い道についてはさまざまな説があるが、はっきりしたことはわかっていない。歯は小さく、口先にはくちばしがあって植物を食べるのに適していたと考えられている。

モンゴルやカザフスタンでは、「テリジノサウルス」の仲間が巣をつくっていた跡が見つかっている。このことから「テリジノサウルス」の仲間は集団で暮らしていたことがわかっている。

調査レポート

「テリジノサウルス」の名前には、「大鎌トカゲ」という意味がある。太くて長いツメに由来している。

アンキロサウルス

軽くて頑丈なヨロイをもつ草食恐竜

　まるでヨロイにおおわれたようなすがたをしている恐竜の一種、「アンキロサウルス」。このヨロイは皮ふが骨のようにかたくなったもので、軽くて丈夫なため、強い肉食恐竜でもかんたんにはかみつくことができなかった。さらに、目のまわりには角が4本あり、これも身を守るために使われていたようだ。

　敵に攻撃をするときは、太くて重い尾が武器になった。尾の先がカナヅチのようにかたく、いきおいよくふり回すことで敵にダメージをあたえることができたのだ。これは「アンキロサウルス」の尾の化石に、ぶつけた跡があったことから判明した。ふだんは、くちばしで植物をついばんで食べていた。

　ヨロイ竜の仲間には、子ども時代にヨロイが見られない。大人になるにつれて自分の骨を溶かすことで、ヨロイのもととなるカルシウム分をつくり出していたと考えられている。

データ

ヨロイ竜類	
大きさ	約6m
生息年代	6600万年前ごろ
発掘現場	アメリカ、カナダ
特徴	頭から尾のつけ根までをおおうヨロイ。先がカナヅチのようにかたい尾
食性	植物

75

調査レポート
アンキロサウルス

太くてかたいカナヅチのような尾

下の写真はアンキロサウルス類の尾の化石。「アンキロサウルス」の尾もカナヅチのようにかたかったと考えられている。胴体とつながる尾の先は骨のかたまりになっていて、重さも相当あった。ムチのようにしなやかに曲がることはなく、カナヅチのように、大きくふり回して相手にぶつけていたと考えられる。なお、尾の骨は子どものころはそれほど大きくなく、成長するにつれて大きくなっていったようだ。

アンキロサウルス類
「ユーオプロケファウルス」の尾の化石

名前の由来

「連結したトカゲ」という意味の「アンキロサウルス」。「連結」は骨のヨロイが集まり、丈夫であることをさしている。

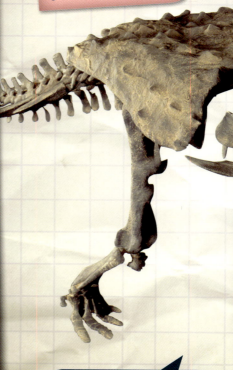

骨格クローズアップ

敵から身を守るヨロイの構造

「アンキロサウルス」は皮ふが骨のようにかたくなった「皮骨」で体を守っている。「皮骨」が板状になったものは「皮骨板」とよばれ、「ステゴサウルス」（➡ P32）の背中から生えているものも、この「皮骨板」だ。「アンキロサウルス」が属するヨロイ竜は、「皮骨」や「皮骨板」で体を守っているのだ。また、これらは丈夫ではあるが、軽かったとも考えられている。

一章

ゴツゴツした体

ヨロイにおおわれた体は、平たくゴツゴツとしているため、肉食恐竜はかんたんにはかみつけなかったはずだ。

弱点はおなか

体のほとんどがかたいヨロイでおおわれていたが、おなかはやわらかく、弱点だったと思われる。

古生代	中生代	新生代
前期三畳紀 / 中期三畳紀 / 後期三畳紀 / 前期ジュラ紀 / 中期ジュラ紀 / 後期ジュラ紀 / 前期白亜紀 / **後期白亜紀**

プロトケラトプス

角のない原始的な小型の角竜

角竜なのに角のない小型の草食恐竜「プロトケラトプス」。フリルはあったが、これもあまり目立つものではなかった。オウムのようなくちばしで、低い場所の植物を食べていた。

モンゴルや中国からたくさんの化石が見つかっており、卵の化石も発掘された。現在、成長にともなう変化や、オスとメスの違いなど、多くのことが研究されている。

角竜類

データ

大きさ	約2m
生息年代	8360万〜7210万年前ごろ
発掘現場	モンゴル、中国
特徴	オウムのようなくちばしと首をおおうフリル
食性	植物

トロオドン

獣脚類

脳が大きく頭がよかった恐竜

「傷つける歯」という意味の名前をもつ恐竜が「トロオドン」だ。体重に対して脳が重く、恐竜の中でも頭がよかった可能性がある。

両目は正面を向いてついていた。そのため、距離やものの大きさをより正確に見ることができたのではないかと考えられている。指の先端にはカギヅメがついているが、肉食と草食の両方の説がある。

データ

大きさ	約3m
生息年代	7650万〜7500万年前ごろ
発掘現場	アメリカ
特徴	体重に対して大きな脳をもつ
食性	肉食と草食の両方の説がある

| 古生代 | 中生代 | 新生代 |

| 前期三畳紀 | 中期三畳紀 | 後期三畳紀 | 前期ジュラ紀 | 中期ジュラ紀 | 後期ジュラ紀 | 白亜紀前期 | **後期白亜紀** |

パラサウロロフス

頭に空どうのトサカをもつ草食恐竜

「パラサウロロフス」は頭に変わったトサカをもつ鳥脚類の一種だ。全長約8メートルで、重さは3トンと比較的大きい草食恐竜だった。「ニッポノサウルス」（→P56）と同様にデンタルバッテリーをもつ。

背骨には突起があり、背中がもり上がっている。大きくカーブした頭のトサカは鼻の骨が伸びたもの。中が空どうになっており、鼻の穴とつながっている。このトサカのしくみについては、においを感知するためや水中で息をするため、敵が近づいてきたときに低い音を出して仲間に危険を知らせるためなど、さまざまな説がある。

化石はアメリカやカナダで見つかっているが、発見数が少なく、まだわかっていないことが多い。

データ

鳥脚類		
大きさ	約8m
生息年代	8360万～7210万年前ごろ
発掘現場	アメリカ、カナダ
特徴	鼻の骨が伸びてできたトサカ。デンタルバッテリーをもつ
食性	植物

一章

調査レポート

鼻から頭の後ろに伸びるトサカは、息を強く送りこみ、鳴き声を大きくするのに使われていたとも考えられている。

古生代	中生代	新生代
前期三畳紀 | 中期三畳紀 | 後期三畳紀 | 前期ジュラ紀 | 中期ジュラ紀 | 後期ジュラ紀 | 前期白亜紀 | **後期白亜紀**

調査レポート

2本の角は頭の骨が伸びたものであることが化石からも確認できる。ただし、この角が何に使われていたのか、はっきりしたことはわかっていない。

カルノタウルス

ウシのような角をもつ凶暴な肉食恐竜

「カルノタウルス」とは「肉食のオスのウシ」を意味する。その名前のとおり、目の上にウシのような２本の角があるのが特徴だ。角の役割はいまだにはっきりとわかっていないが、獲物を刺す道具として使われたとする説や、仲間とのなわばり争いのときに使う武器だった、などさまざまな説がある。

また、前足は「ティラノサウルス」（➡P58）よりさらに短く小さい。４本の指があるが、これはほとんど突起のような見ためだった。

全長は約８メートル。頭の骨は鼻先が短い。後ろ足が発達しており、かなり速く走れたようだ。おもに草食恐竜などをおそって食べていたという説と、発達した鼻で死んだ恐竜の肉をかぎ分けて食べていたという説がある。

データ

獣脚類

大きさ	約8m
生息年代	7000万年前ごろ
発掘現場	アルゼンチン
特徴	小さな前足と発達した鼻。頭に２本の角が生えている
食性	動物

古生代			中生代			新生代	
前期三畳紀	中期三畳紀	後期三畳紀	前期ジュラ紀	中期ジュラ紀	後期ジュラ紀	前期白亜紀	**後期白亜紀**

トリケラトプス

がっしりとした体で、巨大な角をもつ草食恐竜

「トリケラトプス」は3本の角とフリルをもつ4足歩行の恐竜だ。全長は約9メートルあり、体重は5トン以上あった。鼻先に太い角が1本、目の上にも1メートル以上の長い角が2本ある。また、頭の後ろにはフリルがあった。このフリルは敵をいかくするときや防御のときに使ったり、異性にアピールするために使ったりしていたと考えられている。

口は鳥のくちばしのようになっており、その奥には歯が100本ほどびっしり生えている。ふだんは草や木の実などを食べて生活していた。

「トリケラトプス」は敵におそわれると、長い角で戦ったと考えられている。体が相当大きかったので、肉食の恐竜でもかんたんには倒せなかったのではないだろうか。また、近年の研究で、前足の親指、人差し指、中指で体を支えていたこと、手の甲が外側を向いていたということなどが判明している。

データ

大きさ	約9m
生息年代	6750万～6600万年前ごろ
発掘現場	アメリカ
特徴	大きなフリルと3本の角、鳥のようなくちばし
食性	植物

角竜類

調査レポート
トリケラトプス

首のフリル
「トリケラトプス」をはじめとした角竜類は、草食性で首にフリルがあるのが特徴。

骨格クローズアップ

名前の由来
「トリケラトプス」とは「3本の角の顔」という意味。

太い4本足
がっしりとした足で、体を支えていた分、すばやい動きはできなかったようだ。

角竜類は白亜紀に北アメリカ大陸で繁栄した

「トリケラトプス」を代表とする角竜のグループは、北アメリカ大陸の地で白亜紀に繁栄した。体を守るフリル、攻撃できる角をもっていたことなどが繁栄の理由だとされる。

現代のライオンがゾウなど大型の草食動物をおそうのをためらうように、「ティラノサウルス」(→P58)などの肉食恐竜は、大型の角竜類をうまくおそえなかったのかもしれない。

首にあるフリルは何のため?

「トリケラトプス」などの角竜のフリルは、肉食恐竜におそわれたときに首をかまれないための盾の役割がある、というのが一般的な説だ。このフリルは頭の骨の一部が後ろに伸びたもの。また、より大きく目立つフリルをもつオスは、ほかのオスよりもメスをひきつけたともいわれている。

鳥のようなくちばし
くちばしも角竜類の特徴のひとつだ。角がない角竜類もいるが、くちばしがあることは共通している。

一章

一章 オヴィラプトル

どろぼうと間違われた!? 卵をふ化させる恐竜

名前に「卵どろぼう」という意味がある恐竜が「オヴィラプトル」だ。全長は約1.5メートル。2足歩行で、頭の上にはトサカがついていたようだ。

鋭くて短いくちばしをもっており、見ためは鳥に似ている。何を食べていたのかはよくわかっておらず、雑食だったという説がある。

最初に「オヴィラプトル」の化石が発掘されたとき、いくつかの卵も同時に見つかった。当初この卵は「プロトケラトプス」(➡P78)のものだと考えられていた。そのため、ほかの恐竜の卵をエサとしていた恐竜と考えられ、「卵どろぼう」という名前がついた。その後の研究で、卵は「オヴィラプトル」自身のものだったということが判明した。このことから、「オヴィラプトル」は卵をぬすんでいたのではなく、ふ化させていたという説もある。

調査レポート

発見された「オヴィラプトル」の仲間の卵。一度に産めるのは2個。何回かに分けて同じ場所に産んでいたようだ。

| 古生代 | **中生代** | 新生代 |

生息年代不明

スカンソリオプテリクス

鳥類への進化のかけはしとなった小型恐竜

後に鳥類へと進化したといわれている小型恐竜が「スカンソリオプテリクス」だ。全長は約10センチと小さく、現代のスズメほどの大きさだった。尾は長く、体には羽毛が生えており、鳥に近いすがた形をしている。

「スカンソリオプテリクス」とは「登る竜」という意味。名前のとおり木に登り生活していたと考えられている。

手や足も木登りをするのにとても便利な形だった。たとえば、手の指は1本だけ細長く、太い木の幹にもつかまりやすくなっていた。また、ほかの木に飛び移ったりもしていた。地上に降りるときはグライダーのように飛んでいたかもしれない、といわれている。ただ、生息年代などまだわかっていないことも多い。

データ

大きさ	約10cm
生息年代	不明
発掘現場	中国
特徴	手の指が長く、木に登り、ほかの木に飛び移ったりしていた
食性	小動物

一章

調査レポート

「スカンソリオプテリクス」に近いグループには、コウモリのように、まくでできたつばさをもつ「イー・チー」という恐竜もいた。

恐竜と鳥類の関係

羽毛恐竜から進化した鳥類

　ジュラ紀のおわりごろから、「アンキオルニス」（➡ P21）のように体に羽毛を生やした羽毛恐竜が現れた。この羽毛はウロコから変化したもので、「シノサウロプテリクス」（➡ P36）や「ミクロラプトル」（➡ P40）のような小型の獣脚類にも見られる。

　羽毛恐竜は進化の中で歯や尾、前足の指やカギヅメが退化し、空を飛ぶことができる鳥類になっていったと考えられている。この説が正しければ、恐竜の一部は絶滅せず、現代のハトやニワトリなどの鳥に進化して、今も地球上に生き続けていることになる。

　白亜紀のおわりに、巨大な隕石の衝突によって地球の環境が大きく変化し、生物の多くが絶滅した。環境変化の影響を受けやすい巨大な体をもった恐竜も、そのほとんどが絶滅してしまった。しかし、鳥は生きのびることができた。この理由はさまざまな説があるが、絶滅した種に比べ、体が小さく環境変化の影響を受けづらかったことや、かたいくちばしで栄養が豊富な植物の種を食べることができたためではないか、ともいわれている。

　恐竜と同じ時代を生きた「プテラノドン」（➡ P128）などの翼竜、「イクチオサウルス」（➡ P110）などの魚竜、「プレシオサウルス」（➡ P106）などの首長竜も、白亜紀のおわりに絶滅してしまったが、一部のワニやカメ、トカゲ、ヘビなどは生きのび、現代にその種をのこすことができたようだ。

ツメバケイという鳥は、ヒナの時期のみだがつばさにツメがあるという原始的な特徴をもつ。

二章

勢

〜中生代の生物〜

首長竜や魚竜、翼竜とよばれる古生物たちは、は虫類の中のグループだが恐竜ではなく、別の分類になる。これらの生物は陸以外にも、海、空と生息の場を広げていった。

古生代	中生代	新生代
前期三畳紀 / 中期三畳紀 / 後期三畳紀	前期ジュラ紀 / 中期ジュラ紀 / 後期ジュラ紀	前期白亜紀 / 後期白亜紀

データ

は虫類

- **大きさ**: 約1〜7m
- **生息年代**: 2億4700万〜2億3640万年前ごろ
- **発掘現場**: ドイツ、中国など
- **特徴**: 陸上と水中で生息していた。鼻が目の近くにある
- **食性**: 魚など

二章

ノトサウルス

海でも陸でも生息できた、ワニのような口のは虫類

「ノトサウルス」は海にすむは虫類の仲間で、体の長さは約1〜7メートル。細長い頭とワニのように大きな口をもち、口にはいくつもの鋭い歯がならんでいた。ふだんは浅い海にすんでおり、魚をつかまえて食べていたと考えられている。

指の間に水かきがあり、水中を上手に泳ぐことができた。一方、鼻を水面から出して呼吸をし、ワニのように水中と陸上の両方で生息していた。

また、「ノトサウルス」の鼻の位置はワニとは異なっている。ワニの鼻は頭部の先端にあるが、「ノトサウルス」は目の近くにある。その理由ははっきりしていない。

化石は1834年にドイツではじめて見つかった。骨を研究したところ、3年ほどで大人になり、少なくとも6年は生きていたことがわかった。

調査レポート

「ノトサウルス」は、「ニセモノのトカゲ」という意味。一見、首長竜に似ているが、手足がヒレになっていないなど、異なる特徴をもつことから名づけられた。

古生代	中生代	新生代
前期三畳紀 / 中期三畳紀 / 後期三畳紀	前期ジュラ紀 / 中期ジュラ紀 / 後期ジュラ紀	前期白亜紀 / 後期白亜紀

トカゲのように自分でしっぽを切って逃げるは虫類

「タニストロフェウス」は長い首が特徴的なは虫類だ。体の長さは6メートルほどだが、それに対して首の長さはおよそ3メートルと、体の半分以上もあった。

とにかく首が長いため、陸上を歩くのは苦手だったようだ。さらに、首のひとつひとつの骨が大きく、とても動かしづらかったと考えられている。

前足は短く細い。後ろ足には水かきがついていたが、泳ぎは下手で、水中ではあまり泳がずに歩いて行動していた。おもに魚を食べていたようで、獲物をじっと待ちぶせしてつかまえていたようだ。

また、「タニストロフェウス」は、トカゲのように自分で尾を切ることができたといわれている。敵におそわれたときは、尾を切って逃げていたのであろう。この尾は、現代のトカゲと同じように切れてもまた生えてきたと考えられている。

調査レポート

現代のトカゲなども尾を切りはなし、敵から逃げる。尾は一度切れても、また生えてきてもとどおりになる。

96

二章 タニストロフェウス

データ

は虫類

- 大きさ: 約6m
- 生息年代: 2億4200万〜2億年前ごろ
- 発掘現場: ドイツ、スイス、中国
- 特徴: 体の半分以上の長さの首。切れてもまた生えてくる尾
- 食性: 魚など

古生代	中生代	新生代
前期三畳紀 / 中期三畳紀 / 後期三畳紀	前期ジュラ紀 / 中期ジュラ紀 / 後期ジュラ紀	前期白亜紀 / 後期白亜紀

ロンギスクアマ

なぞの大きな突起物を背にもつは虫類

「ロンギスクアマ」は三畳紀に生きていたは虫類だ。全長は約10センチとかなり小さく、背中には長くてうすいなぞの突起物がある。

この突起物が何のためにあったのかはわかっていないが、木の枝から飛び降りるときに左右に広げることで、つばさのような役割をはたしていた、という説がある。このことから、「ロンギスクアマ」は鳥の祖先ではないかと考える研究者もいた。しかし、体の構造は鳥類に似ているところがほとんどないことから、現在はそうでないと考える研究者のほうが多い。

手は枝をつかめるようになっており、ふだんは木の上で生活していたと考えられている。何を食べていたかはわかっていない。

ちなみに「ロンギスクアマ」は「長いウロコ」という意味だ。

データ

は虫類

- 大きさ: 約10cm
- 生息年代: 2億4200万〜2億2700万年前ごろ
- 発掘現場: キルギス
- 特徴: 背中にある長くてうすい突起物。枝をつかめる手
- 食性: 不明

二章

調査レポート

「ロンギスクアマ」の背中の突起物の化石。先は、丸みをおびている。これを使い、木の枝に飛び移っていたと考えられている。

99

古生代			中生代				新生代
前期三畳紀	中期三畳紀	**後期三畳紀**	前期ジュラ紀	中期ジュラ紀	後期ジュラ紀	前期白亜紀	後期白亜紀

ゲロトラックス

ぺちゃんこで奇妙なすがたをした両生類

後期三畳紀に生息していたといわれる両生類の仲間が「ゲロトラックス」だ。体の大きさは1メートルほど。

「ゲロトラックス」は手足が小さいため陸上では歩けず、ふだんは水中で暮らしていたと考えられている。

体は平たくつぶれており、頭は三角形。口を大きく開けることができたようだが、何を食べていたのかはよくわかっていない。水中で呼吸するためのえらは6つあったが、すべて体の外に飛び出すようについていた。

両生類

データ

大きさ	約1m
生息年代	2億4100万年～2億200万年前ごろ
発掘現場	スウェーデン、ドイツなど
特徴	平べったい体。上むきについたふたつの目
食性	不明

古生代	中生代	新生代
前期三畳紀 / 中期三畳紀 / **後期三畳紀**	前期ジュラ紀 / 中期ジュラ紀 / 後期ジュラ紀	前期白亜紀 / 後期白亜紀

二章

アデロバシレウス

最古の恐竜と同じくらい古い、原始的なほ乳類

　現在見つかっている中で一番古いほ乳類が「アデロバシレウス」だ。名前は「目立たない王」という意味がある。
　見つかった化石は頭の後ろ側で、長さは約1.5センチ、完全な頭はおそらく長さ3センチほどと小さい。ただし、ほ乳類が現れるよりも前の生物の特徴も多くあるため、厳密にはほ乳類とは認めない考えもある。体の大きさや生態などはわかっていないが、ネズミのようなすがただと考えられている。

ほ乳類

データ

大きさ	十数cm
生息年代	2億2500万年前ごろ
発掘現場	アメリカ
特徴	最古のほ乳類でネズミのようなすがただと考えられている
食性	不明

古生代			中生代			新生代	
前期三畳紀	中期三畳紀	**後期三畳紀**	前期ジュラ紀	中期ジュラ紀	後期ジュラ紀	前期白亜紀	後期白亜紀

シャロヴィプテリクス

空をムササビのように飛び回る小型のは虫類

　「シャロヴィプテリクス」は空をムササビのように飛ぶことができるは虫類だ。名前の意味は「シャロフのつばさ」。「シャロフ」はロシアの古生物学者で、研究の功績をたたえて名前がつけられた。

　頭から尾のつけ根までは約8センチと小さく、後ろ足と尾は細長い。後ろ足と前足にはまくのようなものが張られていた。これはつばさの役割をはたしていたと考えられている。一説では、足を使って高くはね上がり、このまくを使って短い距離を飛行したとされている。さらには、指先の鋭いツメを使って木を登り、木の上からグライダーのようにまくを広げて飛んだという説もある。

　なお、「シャロヴィプテリクス」が何を食べていたかなど、詳しいことはまだわかっていない。

データ

は虫類

- **大きさ**　約20cm
- **生息年代**　2億2500万年前ごろ
- **発掘現場**　キルギス
- **特徴**　前足と後ろ足にまくがあり、グライダーのように飛んでいたといわれる
- **食性**　不明

調査レポート

「シャロヴィプテリクス」は、現代のムササビのようにまくを使い、木から木へ飛び移って生活をしていたと推測されている。

二章

古生代	中生代	新生代
前期三畳紀 / 中期三畳紀 / **後期三畳紀** / 前期ジュラ紀 / 中期ジュラ紀 / 後期ジュラ紀 / 前期白亜紀 / 後期白亜紀

調査レポート

がっしりとした胴体とキバが特徴の「プラケリアス」。キバはメスへのアピールに使われていたのかもしれない。

二章

プラケリアス

最初の恐竜が現れたころにいた水辺にすむカバのような生物

「プラケリアス」は単弓類とよばれるグループの古生物だ。単弓類とは、恐竜が誕生する以前から生息し、は虫類とほ乳類の中間のようなすがたをしている。

全長は約3.5メートル、体重はおよそ1トンもある。胴はタルのように太く、手足は頑丈で短い。まるでカバやサイのような体型をしている。アゴの先はかたいくちばしになっており、上アゴに大きなキバだけが生えていた。ふだんは背の低い植物を食べていた。

化石は北アメリカ大陸でのみ発見されており、その多くが湖や川の近くでできた地層から見つかっている。そのため、一日のほとんどを水辺か水中で過ごしていたのではないかと考えられている。また、多くの化石が集まって見つかっていることから、群れで生活していたと思われる。

データ

単弓類	
大きさ	約3.5m
生息年代	2億2700万年前ごろ
発掘現場	アメリカ
特徴	突き出したアゴと太い首。口にはキバが生えている
食性	植物

105

二章

プレシオサウルス

世界ではじめて発見された首長竜

中生代の海では大型に進化したは虫類が栄えていた。この「プレシオサウルス」もその仲間で、首長竜としては、世界ではじめて化石が発見された。全長は約3.5メートルで、頭は小さく、長い首と丸みのある胴体が特徴だ。

手足はヒレ状になっており、自由に海を泳ぐことができた。また、最新の3Dモデルを使った実験で「プレシオサウルス」の泳ぎ方を再現したところ、おもに前のヒレを使って泳いでいたという結果が出た。尾は短くてあまり役に立たなかったようだが、舵取りの機能くらいはあったのではないか、という意見もある。

鋭い歯がずらりとならんだ口はワニのように長く、獲物をつかまえるのに便利だった。首は上方向には動かしづらく、おもに下に動くようにできていたことがわかっている。この首の構造は海底に住む生物の肉などをあさるためだったと考えられている。

調査レポート

プレシオサウルス

骨格クローズアップ

鋭い歯

口には水中で獲物をとらえる円錐形（断面が円形で先がとがった形）の歯がたくさん生えていた。

手足をヒレに進化させ海を泳いだ首長竜

「プレシオサウルス」は恐竜ではなく、首長竜というグループに分類される。首長竜は中生代に海の中に生息していたは虫類だ。陸上で生活していたは虫類が少しずつ海で暮らすようになり、首長竜に進化したと考えられている。首長竜には「プレシオサウルス」のほかに、より進化した「エラスモサウルス」の仲間もいる。日本では「フタバサウルス」（→P136）が国内で発見された新種のエラスモサウルス類として有名だ。

獲物をとらえる首

泳ぎはそれほど速くなかったと考えられているが、長い首ですばやく獲物をつかまえていたようだ。

二章

ほ乳類と同じように赤ちゃんを産んだ？

恐竜やは虫類の子どもの多くは、卵から生まれてくる。しかし、「プレシオサウルス」などの首長竜は、ほ乳類と同じように体内から赤ちゃんを産んでいたのでは、という説がある。1987年に発掘されたメスの首長竜の化石がその根拠だ。この化石のおなかの中から、約2メートルの首長竜の赤ちゃんと思われる骨が見つかった。母親の体の大きさを考えると、卵で産むには大きすぎるため、赤ちゃんだと考えられているのだ。

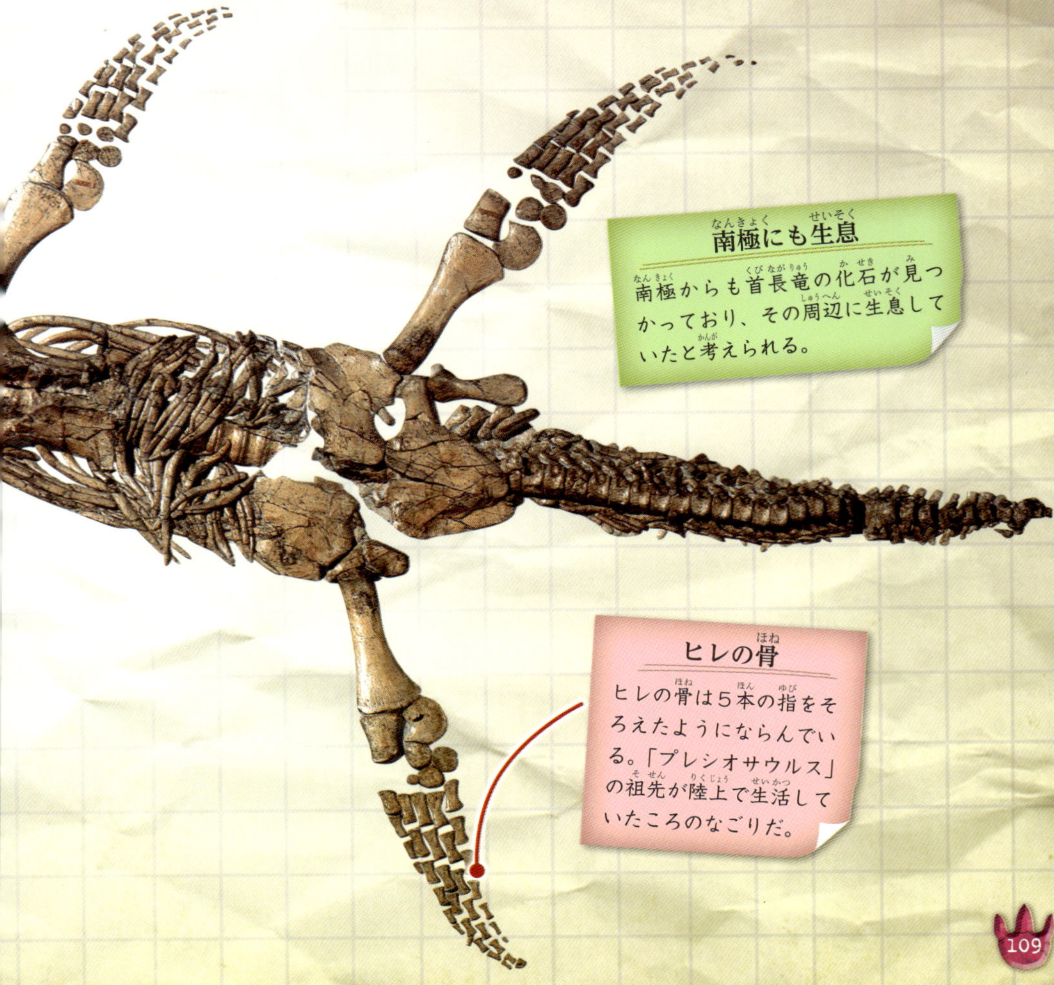

南極にも生息

南極からも首長竜の化石が見つかっており、その周辺に生息していたと考えられる。

ヒレの骨

ヒレの骨は5本の指をそろえたようにならんでいる。「プレシオサウルス」の祖先が陸上で生活していたころのなごりだ。

109

古生代	中生代	新生代
前期三畳紀 / 中期三畳紀 / 後期三畳紀	前期ジュラ紀 / 中期ジュラ紀 / 後期ジュラ紀	前期白亜紀 / 後期白亜紀

すぐれた目と耳で獲物をとらえる、海にすむは虫類

「イクチオサウルス」は海に生息していたは虫類で、魚竜というグループに分類される。体の長さは約2メートルで、体重は90キロほど。イルカのようなすがたをしており、大きな前のヒレと小さな後ろのヒレ、そしてサメのものと同じような形をした尾ビレをもっていた。

目が体の大きさに対してかなり大きく、視力はとてもよかったと思われる。また、耳もよく、水中で獲物の動く音をとらえ、おそうことができた。

おもに魚やイカ、アンモナイトなどの生物を食べていたようだ。とがった口には歯がたくさんならび、獲物をつかまえるのにとても便利だった。また、卵ではなく、赤ちゃんを産んでいたことが化石からわかっている。

化石はヨーロッパやアメリカなど広い範囲で見つかっており、最初に「イクチオサウルス」の化石を発見したのはなんと12歳の少女だった。

データ

魚竜類		
	大きさ	約2m
	生息年代	2億800万～1億9080万年前ごろ
	発掘現場	イギリス、ベルギー、ドイツなど
	特徴	イルカのようなすがたで、体の大きさに対して、目はとても大きかった
	食性	魚、イカ、アンモナイトなど

二章 イクチオサウルス

調査レポート

おなかの中に赤ちゃんがいる状態の化石が見つかることもある。卵のカラの化石はのこっていないことから、かたいカラをつくる必要がなく、おなかの中でふ化させていたことがわかる。

二章

ディモルフォドン

大きな頭と細長い尾をもつ原始的な翼竜

頭は大きいが、骨が細く軽いため、空を飛ぶことができた翼竜が「ディモルフォドン」だ。化石はおもにイギリス、メキシコなどで見つかっている。

全長は約1メートルで、つばさを広げた幅は約1.2メートル。尾は細長く、前足と後ろ足の間にはまく状のつばさがあり、手には3本のカギヅメがあった。このカギヅメは崖や岩を登るときにも使われていたという説がある。

また、崖のような高いところから飛び立ち、風に乗って飛行していたのではないかといわれている。

「ディモルフォドン」とは、「2種類の歯」という意味だが、その名前のとおり、口には形や長さの違う2種類の歯がならんでいた。当初は魚を食べていたといわれていたが、虫や小さなトカゲなどを食べていたという説もある。

調査レポート

体と比べて、頭がかなり大きかったことがわかる。飛ぶことが苦手で、おもに地上で生活していたという説もある。

生きた化石

何億年もすがたを変えない海の生物

　現代に生息する生物の中には何億年、何千万年もの間、ほとんどすがたが変わらないものがいる。とくに有名なのがシーラカンスだろう。シーラカンスは古生代デボン紀に現れた魚で、白亜紀に絶滅したと考えられていた。ところが、1938年に南アフリカのイーストロンドン沖で生きたまま捕獲され、世界中で話題となった。

　シーラカンスの特徴としては頭の骨が前と後ろに分かれていることや、尾が3つの部分に分かれていることなどがあげられる。胸やおなかなどのヒレは根元が筋肉質で、魚類の中でも4足歩行の動物に近い生物であると考えられている。

アンモナイトに似た見ためのオウムガイ。オウムガイはサンゴ礁があるきれいな海の、比較的浅いところに生息している。

　シーラカンス類の化石はこれまで80種類以上も発見されているが、化石のすがたは現代のシーラカンスとほとんど変わらないという。

　また、オウムガイというイカやタコの仲間は、アンモナイトも含めた頭足類の中でも一番初期のグループで、カンブリア紀に現れた「生きた化石」である。古生代に栄えたが、今ではわずかに数種類が南西太平洋に生息している。アンモナイトとオウムガイは共通の祖先から進化したと考えられるが、別の生き物である。

シーラカンスは環境変化の少ない深海に生息していたため、すがたを変えずに現代まで生きのこれたようだ。

すがたの変わらない昆虫たち

　古代から見ために変わらない生物は昆虫の世界にもいる。人間の身近なところではゴキブリだ。約3億年前の古生代石炭紀から、その祖先が生息していたと考えられている。当時の化石に見られるゴキブリの仲間は、すでに現在のものとすがたがよく似ている。

　クモやサソリに近い分類のカブトガニも古代から見ためがほとんど変わっていない。現在のカブトガニは東アジアや北アメリカ大陸の大西洋沿岸に生息しているが、そのすがたは約1億5千万年前の化石とよく似ている。一番古いカブトガニとされる「ルナタスピス」（→P163）も、ほとんどすがたは変わらない。

石炭紀は一部の研究者からゴキブリの時代とよばれるほど、多くの化石が見つかっている。

氷河時代以前から生息し続けた生物

　人間のせいで絶滅してしまった生物もいる。インド洋のモーリシャス島に生息していた「ドードー」は、氷河時代以前からこの島に生息する鳥だった。島には敵がいないため、羽は退化し、体も大きくなり飛べなくなっていたが、生きのびることができた。

　ところが、西暦1600年ごろに船でインドへ向かう人々が島に立ちよるようになると環境は一変。「ドードー」は食料として捕獲されたり、人間がもちこんだブタやサルなどの動物に卵やヒナがおそわれたりして、あっという間に減少した。そして、発見から100年も経たないうちに絶滅してしまったのである。

「ドードー」には「のろま」という意味があり、名前のとおりすばやい動きは苦手だったようだ。

115

古生代	中生代	新生代
前期三畳紀 / 中期三畳紀 / 後期三畳紀	前期ジュラ紀 / **中期ジュラ紀** / 後期ジュラ紀	前期白亜紀 / 後期白亜紀

データ

魚類

- **大きさ**　約17m？
- **生息年代**　1億6730万～1億5710万年前ごろ
- **発掘現場**　イギリス、フランス、ドイツなど
- **特徴**　史上最大級といわれる巨大な体
- **食性**　プランクトン、あるいは海底の小さな生物を食べていたという説もある

二章 リードシクティス

たくさんの歯をもつ史上最大級の魚

史上最大級の魚ともよばれているのが、中期ジュラ紀の海にすんでいた「リードシクティス」だ。

現在までに尾ビレや頭の骨、ろっ骨などが見つかっている。しかし、それぞれがあまりにも大きいため、どんな生物なのか発見当時は想像もつかなかったというのだ。

「リードシクティス」の全長は当初、断片的な化石をもとに27.6メートルと推測されていたが、新たに発見された化石もふくめて計算すると最大で約17メートルになるという結果が出た。しかし、研究者によって意見が分かれており、議論が続いている。

おもにプランクトンを食べていたようだ。口の中には多数の細かな歯があり、これが口に含んだ水と食物のプランクトンを分けるための役割があったと考えられる。

調査レポート

現在、最大級の硬骨魚（骨のかたい魚）とされるマンボウでさえ、全長は最大5メートルほど。「リードシクティス」の推定全長にはおよばない。

| 古生代 | 中生代 | 新生代 |

| 前期三畳紀 | 中期三畳紀 | 後期三畳紀 | 前期ジュラ紀 | 中期ジュラ紀 | 後期ジュラ紀 | 前期白亜紀 | 後期白亜紀 |

データ

首長竜類

- 大きさ: 約9〜15m
- 生息年代: 1億6000万年前ごろ
- 発掘現場: フランス、イギリス、ロシア
- 特徴: 4つの大きなヒレ、ワニのようにとがった口
- 食性: 動物、魚

二章 リオプレウロドン

においで獲物を見つける、優秀な海のハンター

ジュラ紀の海に生息していた首長竜の一種、「リオプレウロドン」。全長は9〜15メートルほどとされているが、それ以上だったのではないかという研究者もいる。ワニのようにとがった口には鋭い歯がならんでいた。首長竜だが、首はあまり長くなく、体にはボートをこぐときに使うオールのような形の大きなヒレが4つ生えていた。

泳ぎ方を研究するため、研究者たちが「リオプレウロドン」の特徴とそっくりにしたロボットをつくったところ、速くは泳げない分、方向転換が速く、動きはじめてからすぐに最高速度で泳げることがわかった。

また、水中でもにおいをかぎ分け、獲物をつかまえることができたといわれている。

調査レポート

首長竜の中では首が短い「リオプレウロドン」は、巨大な体とワニのような口で、当時の海の生態系の頂点にいた。

鳥か？ 恐竜か？ つばさと歯をもつ古生物

「始祖鳥」という名で知られる、世界で一番古い鳥が「アーケオプテリクス」だ。ただし、恐竜の特徴ももっているため、鳥なのか恐竜なのか、今でも議論が続いている。

全長は約40センチで、重さは500グラムほど。つばさはあるが、胸の筋肉が弱く、上手に飛べなかったようだ。現在の鳥類とは違い、つばさには3本の指がついていた。

恐竜のような長い尾をもち、口には歯が生えていた。肉食で虫などを食べていたと考えられている。また、研究により羽の一部は黒い色をしていたことがわかっている。カラスのように全身が黒色だったという研究者もいる。

おもに木の上で生活していたという説と、地上で生活していたという説がある。

データ

鳥類	大きさ	約40cm
	生息年代	1億4700万年前ごろ
	発掘現場	ドイツ
	特徴	世界で一番古い鳥と考えられている
	食性	小さな虫、あるいは魚を食べていたという説もある

調査レポート
アーケオプテリクス

最初の発見
はじめて発見された「アーケオプテリクス」の化石は、1860年にドイツの採石場から見つかった1枚の羽だった。

胸のつくり
鳥類に比べて胸の骨が細いため、つばさをはばたかせ、空を飛ぶことはむずかしかったとされる。

二章

羽毛恐竜が鳥類進化のなぞをとく?

恐竜と鳥類の違いとは何なのか。「アーケオプテリクス」の化石が発見された1860年ごろから、両者には関係があるといわれてきた。そこから100年以上がたち、両者の関係性を明らかにする羽毛をもつ恐竜の化石が中国で見つかった。その化石を調査していくと、現代の鳥と同じようなつばさの構造が見られた。この発見から、羽毛の生えた恐竜の前足が進化の過程でつばさになり、空を飛ぶ鳥になったと考えられている。

まっすぐな尾
ピンと伸びた尾は、現在の鳥類と違いしっかり骨があった。

名前の由来
「アーケオプテリクス」とは「古代のつばさ」という意味。鳥類の進化のなぞをとく、貴重な古生物の一種だ。

骨格クローズアップ

鳥類は恐竜が進化した生物?

「アーケオプテリクス」は「始祖鳥」とよばれるもっとも原始的な鳥である。鳥という言葉はついているが、現代の鳥とは違った特徴をいくつももつ。そしてその多くが、小型恐竜と共通する特徴であることから、鳥が恐竜から進化したのではないかという仮説を生むきっかけとなった。

調査レポート

「プテロダウストロ」の頭部はほとんどが口であったことが化石からもわかる。この口にそって歯がずらりとならんでいた。

プテロダウストロ

プランクトンを1000本以上の歯でこし、食べる翼竜

1970年にアルゼンチンで発見された翼竜が「プテロダウストロ」だ。つばさを広げた幅は、大きいものでは約2.5メートル。名前には「南のつばさ」という意味があり、南アメリカ大陸のアルゼンチンで化石が発見されたことに由来する。

頭の大きさは約20センチ以上もあり、アゴが長かった。口には針のような歯がずらりとならび、その数は1000本以上にもなる。口ですくった水を歯でこして、中にのこったプランクトンを食べていたと考えられている。また、小魚を食べていたという説もある。どちらにしても、大きな口と針のような歯で、一度にたくさんの量のエサを食べていたのだろう。

2004年にはアルゼンチンの中央地域で、子どもから大人まで幅広い世代の「プテロダウストロ」の化石が見つかった。また、それと同時に卵も発見された。

データ

翼竜類

大きさ	約2.5m（つばさを広げた幅）
生息年代	1億500万年前ごろ
発掘現場	アルゼンチン
特徴	長いアゴに針のような歯がならんでいる
食性	プランクトン、あるいは魚を食べていたという説もある

古生代	中生代	新生代
前期三畳紀 / 中期三畳紀 / 後期三畳紀	前期ジュラ紀 / 中期ジュラ紀 / 後期ジュラ紀 / 前期白亜紀 / **後期白亜紀**	

ケツァルコアトルス

空を飛ぶ生き物では、史上最大級といわれる翼竜

「ケツァルコアトルス」は、つばさを広げた幅が10メートル以上にもなる史上最大級の翼竜だ。

風がなくても自分の力でつばさを動かし、かなり速い速度で飛ぶことができた。速度についてはさまざまな説があり、中には時速170キロをこえていたという説もある。体重についてもさまざまな意見があるが、200キロくらいだったとする説が一般的だ。こんなに重いと飛べないのでは、と考える研究者もいるが、大きなつばさがあるので飛べたであろうと考えられている。

「ケツァルコアトルス」の口には歯がない。何を食べていたのか詳しいことはわかっていないが、魚や死んだ動物の肉を食べていたという説もある。

一般的に翼竜は飛びながら獲物をつかまえると考えられている。しかし、「ケツァルコアトルス」は、歩きながら長いくちばしで足下の小動物をついばむこともあったと考えられている。

データ

翼竜類

- **大きさ**: 約10〜15.5m(つばさを広げた幅)
- **生息年代**: 7000万〜6800万年前ごろ
- **発掘現場**: アメリカ
- **特徴**: 歯がない口。巨大なつばさ
- **食性**: 不明だが、魚や死んだ動物の肉を食べていたという説もある

二章

調査レポート

長い首は、飛びながら顔を海につけ、海中の魚をつかまえやすい。しかし、「ケツァルコアトルス」が魚を食べていたかは不明である。

| 古生代 | 中生代 | 新生代 |

| 前期三畳紀 | 中期三畳紀 | 後期三畳紀 | 前期ジュラ紀 | 中期ジュラ紀 | 後期ジュラ紀 | 前期白亜紀 | **後期白亜紀** |

時速50キロで空から急降下する巨大な翼竜

　有名な翼竜の一種である「プテラノドン」は、広げた幅が約7メートルになる大きなつばさをもつ。体に比べて頭がとても大きく、トサカがついていた。時速約50キロで空を飛ぶことができたと推測されている。

　「プテラノドン」とは、「歯のないつばさ」という意味。その名前のとおり、長いくちばしには、歯がまったくなかった。空から急降下したり、あるいは水面に浮かんだりしながら、細いくちばしで獲物の魚をつかまえていたと考えられている。発見された化石の胃からは、多くの魚の化石が見つかっている。

　「プテラノドン」やほかの翼竜は、骨の中が空どうになっている。空を飛ぶことは得意だったが、逆に陸上ではうまく歩けなかったようだ。化石はおもにアメリカで発見されているが、日本でも北海道で化石の一部とされるものが見つかっている。もしそれが本当に「プテラノドン」の化石ならば、広い範囲に生息していたことになる。

128

プテラノドン

二章

データ

翼竜類

- **大きさ** 約7m（つばさを広げた幅）
- **生息年代** 8600万〜8300万年前ごろ
- **発掘現場** アメリカ
- **特徴** トサカのついた大きな頭。歯がまったくない口
- **食性** 魚

調査レポート

プテラノドン

骨格クローズアップ

スカスカの骨のおかげで飛びやすかった

「プテラノドン」をはじめとした翼竜は骨の中が空どうになっていてスカスカだった。現在の空を飛べる鳥類の骨も同じつくりになっている。これにより、体重が軽くなり、大きなつばさで風を受けることで、空を飛ぶことができた。はばたいて飛ぶというより、自然の風をうまく利用して飛んでいたと考えられている。

水中にもぐれた？

あまり深くはもぐれなかったが、水中を泳いで魚をつかまえていたとも考えられている。

130

頭部から伸びたトサカの役割

頭部のトサカの役割については、飛んでいるときに姿勢を安定させるため、風の抵抗を少なくするため、体温調節のためなど、さまざまな説があった。ただ、オスのトサカのほうが大きかったことから、オスがメスにアピールするための飾りという説が有力だ。

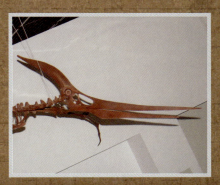

陸上での歩行

陸上ではつばさを折りたたみ、4足歩行で移動していたと考えられている。

長く伸びた指

つばさの中央あたりには3本の指とツメがある。その先に伸びている骨は4本目の指の骨で、これでつばさを支えている。

二章

131

ヘスペロルニス

ペンギンのように飛べない古代の巨大海鳥

アメリカのカンザス州で化石が見つかった、古代の海鳥が「ヘスペロルニス」だ。全長約2メートルで体重は25キロと鳥類としてはかなり大きい。つばさが退化して小さくなっていて、空を飛べないため、陸上ではゆっくり歩くか、もしくはペンギンのようにピョンピョンとはねて移動していたと考えられている。

一方、後ろ足に水かきがあるため、水中ではすばやく泳ぐことができた。口の中にはたくさんの歯が生えており、泳いでいる魚をがっちりとくわえてしとめていたようだ。

鳥類

データ

大きさ	約2m
生息年代	8300万～7800万年前ごろ
発掘現場	アメリカ、カナダ
特徴	小さなつばさ。すばやく泳ぐことができる水かき
食性	魚

古生代			中生代			新生代	
前期三畳紀	中期三畳紀	後期三畳紀	前期ジュラ紀	中期ジュラ紀	後期ジュラ紀	前期白亜紀	**後期白亜紀**

二章

ベルゼブフォ

恐竜の赤ちゃんも食べる!?
巨大なカエル

「ベルゼブフォ」は、マダガスカルで化石が発見された巨大なカエルだ。名前の「ベルゼブ」は「魔王」、あるいは「悪魔」という意味があり、「ブフォ」は「ヒキガエル」のことである。

全長は約40センチ、体重は4〜5キロもあったと推測される。陸上で暮らしており、獲物を待ちぶせしてつかまえていたと考えられている。おもにトカゲなど小動物を食べ、ときには恐竜の赤ちゃんを食べていたかもしれないといわれている。

両生類

データ

大きさ	約40cm
生息年代	7210万〜6600万年前ごろ
発掘現場	マダガスカル
特徴	待ちぶせして獲物をつかまえていたと考えられている
食性	小動物

古生代	中生代	新生代
前期三畳紀 / 中期三畳紀 / 後期三畳紀	前期ジュラ紀 / 中期ジュラ紀 / 後期ジュラ紀	前期白亜紀 / **後期白亜紀**

これがヘビの仲間!?
海に住む巨大なは虫類

「モササウルス」は海に住む巨大なは虫類の一種。胸ビレや尾ビレがあるが、研究者の中にはヘビに近い生物と考える人もいる。全長は約17メートルとかなり大きい。体重は40トンと推測されている。

胴体はタルのような形で、頭部に向かうにつれてワニのように細くなっていく。尾ビレの先はサメの尾のような三日月形で、すばやく泳ぐことができたと考えられている。

歯は円錐形（断面が円形で先がとがった形）で後ろにそりかえっており、獲物をつかまえるのに適していた。ふだんは魚やイカ、アンモナイトなどを食べていた。

ほかの巨大生物と戦ってきたと思われる傷がたくさんのこった化石も見つかっている。化石はおもにヨーロッパやアメリカで発見されている。

調査レポート

復元された頭部で、ワニのような口と鋭い歯が確認できる。かたいカラをもつ生物も食べることができたと思われる。

「モササウルス」の復元された頭部

134

二章

モササウルス

データ

は虫類	
大きさ	約17m
生息年代	7400万～6600万年前ごろ
発掘現場	オランダ、ロシア、アメリカなど
特徴	タル型の胴体。円錐形の歯。すばやく泳ぐことができた
食性	魚、イカ、アンモナイトなど

データ

首長竜類

大きさ	約6〜9m
生息年代	8630万年前ごろ
発掘現場	日本（福島県）
特徴	長い首と4つのヒレがあり、化石は日本の高校生によって発見された
食性	イカ、タコ

フタバサウルス

日本の高校生が見つけた首長竜

首長竜である「フタバサウルス」の化石は、日本で発掘された。「フタバスズキリュウ」ともよばれているが、これは1968年に日本の高校生の鈴木直さんが、福島県の双葉層群という白亜紀の地層で化石を見つけたことに由来する。

ある日、鈴木さんが以前サメの歯の化石を見つけた場所を掘っていると、恐竜の背骨のような化石が出てきた。

これが「フタバサウルス」で、この発掘はすぐに大きなニュースになった。

「フタバサウルス」の全長は6～9メートルほどで、首が長く、4つのヒレがあったとされる。発見されたヒレの化石は、あちこちにサメの歯型がついていたり、サメの歯そのものが刺さったりしていた。どうやら「フタバサウルス」はサメによくおそわれていたようだ。

調査レポート
フタバサウルス

発達した前ヒレ

「フタバサウルス」の前のヒレは、後ろのヒレよりも長い。ほかの首長竜はこれほどまでに長くはならない。

なぜ、高校生に発掘できたのか？

化石の発掘と聞くと、研究者など、専門家しかできないイメージがある。当時、高校生の鈴木さんが発掘できたのはなぜなのか？　実は、化石が発見された付近は鈴木さんが幼いころから川遊びをしていた場所で、以前からほかの生物の化石が発掘されていた地域でもあった。そのような環境もあってか、鈴木さんは古生物、地質学に興味をもつようになり、研究者といっしょに発掘作業も行うようになったそうだ。

二章

骨格クローズアップ

首の長さ
「フタバサウルス」の首の骨は一部しか見つかっておらず、近い仲間の首の長さを参考に推測されたものだ。

細い歯
歯は細く、かたいものを食べるのに適していなかった。おもにイカやタコなどを食べていたと考えられている。

川沿いの崖からほぼ全身の骨が見つかる

「フタバサウルス」の化石が発見された現場は、福島県を流れる大久川の川沿い。長年の川の流れにより地面がえぐられ、約1メートル50センチもの崖となり、地層がむき出しになっていたという。その地層の断面から、「フタバサウルス」のほぼ全身の骨が見つかった。頭の骨や背骨などがならぶように埋まっていて、発掘には2年間もかかったそうだ。

139

古生代			中生代			新生代	
前期三畳紀	中期三畳紀	後期三畳紀	前期ジュラ紀	中期ジュラ紀	後期ジュラ紀	前期白亜紀	後期白亜紀

恐竜もおそった！
史上最大級のワニ

　後期白亜紀の北アメリカ大陸に生息していたとされる、史上最大級のワニが「デイノスクス」だ。名前はギリシャ語で「恐ろしいワニ」という意味。

　見ためは現代のワニに似ているが、全長は約12メートルとかなり大きい。現代のワニより胴が短く、手足が長い。水辺にひそみ草食恐竜などをおそい、食べていた。さらに、「ティラノサウルス」（➡P58）の仲間「アパラチオサウルス」と思われる化石に、「デイノスクス」の歯型がのこっていたことから、肉食恐竜もおそっていたことがわかる。

　現在のところ、「デイノスクス」の化石は頭部の骨と体の骨の一部しか見つかっていない。全長は頭部の骨の大きさから推測している。

データ

は虫類		
	大きさ	約12m
	生息年代	8200万〜7300万年前ごろ
	発掘現場	アメリカ
	特徴	史上最大級のワニと考えられ、胴体は短く、手足は長い
	食性	動物

二章 デイノスクス

調査レポート

2011年に見つかった、近年最大とされるワニですら、全長6.17メートルだった。「デイノスクス」がいかに巨大だったかよくわかる。

古生代			中生代			新生代	
前期三畳紀	中期三畳紀	後期三畳紀	前期ジュラ紀	中期ジュラ紀	後期ジュラ紀	前期白亜紀	**後期白亜紀**

パラプゾシア

カラの直径は2メートル！ 史上最大級のアンモナイト

「パラプゾシア」はカラの直径が2メートルにもなる、巨大なアンモナイトだ。そもそもアンモナイトは、生物のグループをさす言葉で、特定の生物の名前ではない。つまり、「トリケラトプス」(➡P84)や「ステゴサウルス」(➡P32)をまとめて恐竜とよぶように、いくつかの種類をまとめてアンモナイトとよぶのだ。また、じつはタコやイカと同じ軟体動物である。

アンモナイトの中には、カラに突起があるなど独特な形をしたものがいる。これらは、短い期間に広い範囲で生息したため、化石は発掘された地層の時代を知る手がかりになる。

「パラプゾシア」を含め、アンモナイトのカラの中は、いくつかの部屋に分かれている。生まれたばかりのころは部屋が少ないが、成長するにつれてカラが大きくなり、部屋が増えていく。

データ

無脊椎動物

- **大きさ**　約2m（カラの直径）
- **生息年代**　約8500万年前ごろ
- **発掘現場**　フランス
- **特徴**　アンモナイトの中でも最大級といわれるカラの大きさ
- **食性**　不明

二章

調査レポート

アンモナイトのカラを縦に切った写真。壁のような板でしきられていることがわかる。カラの中の部屋は外側にいくほど新しいものになる。

143

古生代			中生代			新生代	
前期三畳紀	中期三畳紀	後期三畳紀	前期ジュラ紀	中期ジュラ紀	後期ジュラ紀	前期白亜紀	**後期白亜紀**

144

二章 アーケロン

あついでおおわれたこうらをもつ巨大なカメ

　前ヒレを広げると幅が約5メートルにもなる、史上最大のカメが「アーケロン」だ。体重は約2トンとかなり重い。すがた形は現代のウミガメに似ている。「アーケロン」の場合、ウミガメと違いこうらをつくる骨にすきまが多く、その表面はあつい皮でおおわれていた。

　ウミガメ類は、どの種も首をこうらの中にしまうことができないが、「アーケロン」も同じだった。泳ぎはあまり得意ではなかったとされており、当時の海にいた肉食生物におそわれたのか、ヒレがなくなっている化石が多い。アゴは獲物をかみくだけるほど丈夫で、口先はカギのような形に曲がっていた。

　また、ふだんはイカやアンモナイトなどを食べていたと考えられる。

データ

は虫類

大きさ	約4.5m
生息年代	約8077万～8064万年前ごろ
発掘現場	アメリカ
特徴	こうらをおおうあつい皮。獲物をかみくだく丈夫なアゴ
食性	イカ、アンモナイトなど

調査レポート
アーケロン

鳥のようなくちばし
頭の形は現代のウミガメとほぼ同じだが、口はアンモナイトなどかたい生物を食べるために鳥のくちばしのような形をしている。

史上最大のウミガメ！

「アーケロン」はウミガメの一種とされている。ヒレのように発達した手足、鳥のようなくちばし、頑丈なアゴなど、ウミガメと似ている点が多いからだ。また、「アーケロン」はアンモナイトやイカなどを好物とする肉食だった。

現代のウミガメのこうらは骨や皮ふがかたく変化したものだが、「アーケロン」のこうらは骨の表面がやわらかい皮ふでおおわれるなど、ウミガメとは異なっている。

二章

こうらのすきま
「アーケロン」のこうらは骨にすきまが多い。ただし、あつい皮ふでおおわれているため頑丈だったとも考えられている。

体が大きかったため、泳ぎは苦手だった

「アーケロン」の前足は、ほかのウミガメと同様にヒレ状になっているが、その巨体の割にはさほど大きくない。こうらの幅が広く、ずんぐりとした体形や、肩のまわりの骨の形から、泳ぎがあまり得意ではなかったと考えられている。浅い海でゆったりと泳ぎながら、暮らしていたのかもしれない。

骨格クローズアップ

巨大な前ヒレ
多くのウミガメと同じように、前ヒレが大きく発達している。指は5本。

147

恐竜と古生物の名前

名前の由来はさまざま

　恐竜や古生物の名前には「〜ドン」や「〜サウルス」、「〜ニクス」といった言葉がよく使われている。これはラテン語やギリシャ語からきているもので、「ドン」は「歯」、「サウルス」は「トカゲ」、「ニクス」は「カギヅメ」を意味している。たとえば「イグアノドン」（➡ P43）なら「イグアナの歯」、ティラノサウルス（➡ P58）なら「暴君トカゲ」、「デイノニクス」（➡ P44）は「おそろしいカギヅメ」という意味をもつ。また、「どろぼう」を意味する「ラプトル」から名づけられた「エオラプトル」（➡ P16）には、「夜明けのどろぼう」という意味がある。

　「ステゴサウルス」（➡ P32）や「オヴィラプトル」（➡ P88）は、その特徴や行動から名前をつけられた恐竜だ。「ステゴサウルス」の意味は「屋根をもつトカゲ」で、背中にあるひし形の板に由来している。「オヴィラプトル」は「卵どろぼう」という意味。ほかの恐竜の卵をぬすんでいたという説からつけられた名前だが、のちに、おおいかぶさっていたのは自分の卵であることがわかった。しかし、今もそのままの名前でよばれてしまっている、少しかわいそうな恐竜だ。

　ほかにも、化石が発見された土地や発見者の名前から学名をつけられることもある。日本の福井県で見つかった恐竜の名前には「フクイサウルス（福井のトカゲ）」や「フクイティタン（福井の巨人）」などがいる。研究者の名前がつけられた古生物では、鹿間時夫博士にちなんで名づけられた「シカマイア」（➡ P196）などがいる。

「ティラノサウルス」の名前の由来である「暴君」とは、「おそろしい王」や「独裁者」というような意味がある。

三章

奇

〜古生代の生物〜

恐竜が現れるよりもはるか昔、生物は海に生息していた。やがて両生類が陸に上がると、そこからは虫類、単弓類が誕生し、さらに進化を重ね、数を増やしていった。

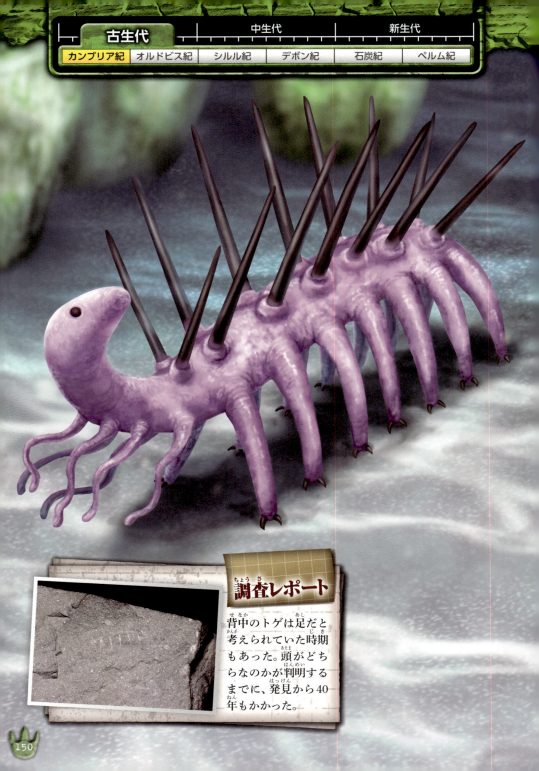

古生代						中生代		新生代
カンブリア紀	オルドビス紀	シルル紀	デボン紀	石炭紀	ペルム紀

調査レポート

背中のトゲは足だと考えられていた時期もあった。頭がどちらなのかが判明するまでに、発見から40年もかかった。

ハルキゲニア

ふしぎ！ トゲとツメつきの足がある生物

　今から約5億年前に、現在のカナダ近くの海底に生息していたのが「ハルキゲニア」だ。「ハルキゲニア」とは「夢のような」という意味。名前のとおりとても奇妙なすがたをしている。

　体は細長く、頭部にはふたつの目、おなか側にはツメのついた足がある。大きさはおよそ5〜35ミリと小さい。背中には鋭いトゲが7対あった。以前はそのトゲが足ではないかと思われていたが、電子顕微鏡で詳しく化石を調べたことで体の構造がわかり、足ではないことが判明した。

　口と食道には小さな歯がならび、ふだんは海底をもぞもぞと歩きながら、死んだ生物の肉などをあさって食べていたという説がある。ツメのついた足などの特徴から「ハルキゲニア」は、現在熱帯に生息するカギムシの仲間であると考えられている。

データ

無脊椎動物	
大きさ	約5〜35mm
生息年代	5億1000万年前ごろ
発掘現場	カナダ、中国
特徴	背中に鋭いトゲがならんでいる
食性	不明だが、死んだ生物の肉を食べていたという説がある

古生代			中生代		新生代
カンブリア紀	オルドビス紀	シルル紀	デボン紀	石炭紀	ペルム紀

3つのふしぎな目をもつ小さな節足動物

「ゴチカリス」はスウェーデンの沿岸で発見された小さな節足動物だ。節足動物とは虫やムカデなど、かたいカラと節のある足をもつ生物のこと。

「ゴチカリス」はわずか3ミリほどの小さな生物で、足は14本あり、尾の先は針のような形になっていた。

最大の特徴は目が3つあること。頭部には大きな複眼がある。その両側に2本の枝のようなものが伸び、その先にも小さな目がついている。この枝の先のふたつの目は、はっきり物を見ることができるものではなく、わずかな光を見分けられる程度のものだったと考えられている。目がなぜ3つも必要だったのかはまだわかっていない。

「ゴチカリス」は化石があまり見つかっておらず、何を食べていたのかなど、詳しい生態はまだほとんどわかっていない。

調査レポート

複眼は現代のハエやトンボなどの昆虫にも多く見られる目のしくみだ。紫外線という人間の目では見えない光もとらえることができる。

三章

ゴチカリス

データ	
無脊椎動物	
大きさ	約3mm
生息年代	4億9000万年前ごろ
発掘現場	スウェーデン
特徴	大きな複眼と、その両側に伸びたふたつの小さな目
食性	不明

古生代			中生代		新生代
カンブリア紀	オルドビス紀	シルル紀	デボン紀	石炭紀	ペルム紀

アノマロカリス

古代の海で獲物をおそう巨大な肉食生物

カンブリア紀最大の肉食生物、「アノマロカリス」。名前は「奇妙なエビ」という意味である。触手の化石が見つかり、エビの体ではないかと推測されたことから、この名前がついた。

体の大きさは最大で約1メートル。体の左右にはヒレのようなものがあり、これを波のように動かして水中を泳いでいたと考えられている。頭部の下側には歯に囲まれた丸い口がついていた。さらに口の両側からはエビの尾に似た大きな2本の触手が伸びている。この触手の内側には細かなトゲがついており、これを器用に使いながら獲物をがっしりとつかんで食べていた。

この時期の三葉虫（→157）に、「アノマロカリス」にかじられたような跡が見つかることから、おもに三葉虫などの小型動物を食べていたと多くの研究者は考えている。

データ

無脊椎動物

大きさ	約1m
生息年代	5億2500万～5億500万年前ごろ
発掘現場	カナダ、アメリカ、オーストラリア、中国
特徴	細かなトゲのついた2本の触手
食性	三葉虫など？

調査レポート
アノマロカリス

01 二重の口と触手で獲物をとらえる

アノマロカリス類の触手の化石。いくつかの種類がいたことが判明しており、ほとんどの種類が肉食である。

「アノマロカリス」の口は頭部の下側、海底を向くようについている。口は丸く、二重の構造になっている。外の口が開くと内側の口が閉じ、逆に外の口が閉じると内側の口は開く、というしくみになっていた。この動きをくり返すことで、一度とらえた獲物に逃げられずに食べ続けることができた。

さらに、口の両側からは大きくて長い触手が伸びている。この触手の内側にはトゲがついていて、かみついた獲物をしっかりとつかみ、口元までもってきていたようだ。

三章

02 好物は三葉虫？

「アノマロカリス」はおもに三葉虫という節足動物を食べていたと考えられている。これは「アノマロカリス」のフンの化石から、三葉虫の一部が見つかったことによる。三葉虫は体の表面をおおうカラで、敵の攻撃から身を守っていたが、「アノマロカリス」は二重構造の丸い口でなんなく食べていたのかもしれない。

> 三葉虫は古生代に生息した節足動物。広い地域で多くの化石が発見されていることから「化石の王様」とよばれている。

03 じつはやわらかい動物を食べていた!?

最近では、三葉虫のようなかたい生物は食べられなかったとも考えられている。かたいものを食べる生物の特徴である口の中の傷が、「アノマロカリス」にはまったく見られないからだ。また、口の動きを詳しく調べたところ、かむ力が弱かった可能性も出てきた。このような研究結果から、「アノマロカリス」は今のミミズの仲間のような、やわらかい動物をおもに食べていたのではないかという考えもある。

157

古生代						中生代	新生代
カンブリア紀	オルドビス紀	シルル紀	デボン紀	石炭紀	ペルム紀		

調査レポート

「オットイア」はUの字に曲がったすがたで化石が発見されるため、U字型の穴に住んでいたと考えられている。

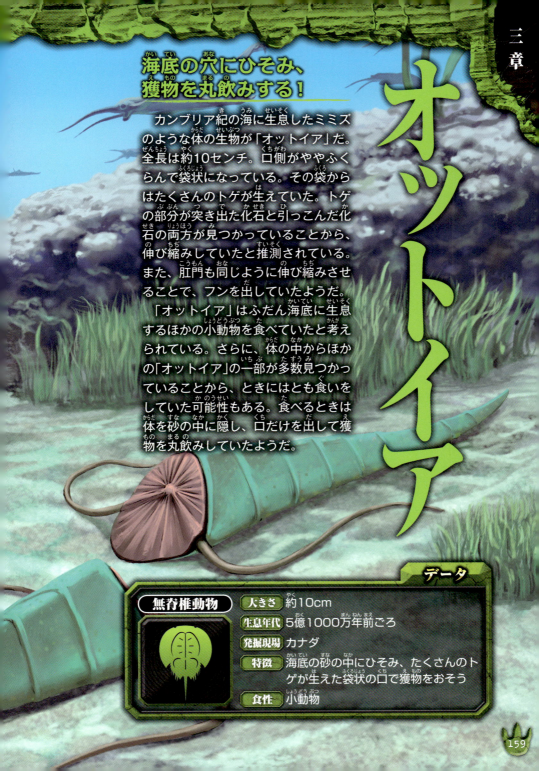

三章 オットイア

海底の穴にひそみ、獲物を丸飲みする！

カンブリア紀の海に生息したミミズのような体の生物が「オットイア」だ。全長は約10センチ。口側がややふくらんで袋状になっている。その袋からはたくさんのトゲが生えていた。トゲの部分が突き出た化石と引っこんだ化石の両方が見つかっていることから、伸び縮みしていたと推測されている。また、肛門も同じように伸び縮みさせることで、フンを出していたようだ。

「オットイア」はふだん海底に生息するほかの小動物を食べていたと考えられている。さらに、体の中からほかの「オットイア」の一部が多数見つかっていることから、ときにはとも食いをしていた可能性もある。食べるときは体を砂の中に隠し、口だけを出して獲物を丸飲みしていたようだ。

データ

無脊椎動物

大きさ	約10cm
生息年代	5億1000万年前ごろ
発掘現場	カナダ
特徴	海底の砂の中にひそみ、たくさんのトゲが生えた袋状の口で獲物をおそう
食性	小動物

159

調査レポート

化石の発見者は、「マルレラ」の足がレース（布の模様）のように細かいことから、「レースガニ」ともよんでいた。

マルレラ

にじ色の光を放ちながら泳ぐ、ふしぎな節足動物

「マルレラ」はカンブリア紀の海底に生息し、にじ色の光を放ちながら泳いでいた節足動物だ。大きさは約2センチ。胴体は24以上の節に分かれている。

体の後ろには2本の大きな角が伸びていて、その角には細かいみぞがある。それが光を反射して、にじ色にかがやいていたのだ。さらに、体の下には2本の触覚が生えている。

「マルレラ」はカナダのバージェス頁岩で見つかった。ここではカンブリア紀の生物が多数発見されており、「マルレラ」だけでも2万5000体以上の化石が見つかっているのだ。「マルレラ」の化石は、後ろの部分に黒いしみがのこされたものが多いが、その正体はまだよくわかっていない。

データ

無脊椎動物

- **大きさ**: 約2cm
- **生息年代**: 5億1000万年前ごろ
- **発掘現場**: カナダ
- **特徴**: にじ色にかがやく2本の大きな角と、24以上の節に分かれている胴体
- **食性**: 海底の有機物、プランクトン

古生代						中生代	新生代
カンブリア紀	オルドビス紀	シルル紀	デボン紀	石炭紀	ペルム紀		

カメロケラス

無脊椎動物

三角帽子をかぶった大きな海の帝王

「カメロケラス」は、大きさがなんと10メートルほどにもなるオウムガイの一種だ。当時、海に生息したほかの生物はここまで大きくはなかったので、まさに帝王のような存在だっただろう。長い三角帽子のようなカラをまとっており、このカラの中はいくつもの部屋に分かれている。その部屋にある液体の量を増やしたり減らしたりすることで浮き沈みを調節していた。肉食で、おもに三葉虫などを食べていたとされる。

データ

大きさ	約10m
生息年代	4億7000万年前ごろ
発掘現場	アメリカ
特徴	長い三角帽子のようなカラ。8本の足
食性	三葉虫など

古生代		中生代		新生代	
カンブリア紀	**オルドビス紀**	シルル紀	デボン紀	石炭紀	ペルム紀

三章

ルナタスピス

世界で一番古いカブトガニの仲間

現代にも生息し、生きた化石とよばれるカブトガニだが、発見された中で一番古い種類がオルドビス紀に生息した「ルナタスピス」だ。

大きさは約5センチ。すがた形は現代のカブトガニとほぼ同じだ。目は複眼になっている。体はかたいこうらでおおわれ、おなか側や、尾に近い部分はいくつかの節でできている。この尾は泳ぐときにバランスをとる役割をしていたと考えられる。

無脊椎動物

データ

大きさ	約5cm
生息年代	4億5000万年前ごろ
発掘現場	カナダ
特徴	体をおおうかたいコウラ。複眼
食性	プランクトンなど

163

古生代				中生代		新生代
カンブリア紀	オルドビス紀	シルル紀	デボン紀	石炭紀	ペルム紀

アクティラムス

海底をはうように泳ぐ巨大なウミサソリ

　古代に生息したウミサソリという生物の一種が「アクティラムス」だ。史上最大級の節足動物であり、ドイツでは全長約2.5メートルの化石が発見されている。ハサミの大きさも約30センチとかなり大きい。
　「アクティラムス」の尾はサソリの針のようなものではなく、板のような形になっている。これを使い、海底を泳いでいたと考えられている。
　研究の結果、「アクティラムス」は肉食だが獲物をとらえる能力が高くはなかったことがわかった。「アクティラムス」は視力が弱く、獲物を追跡することがむずかしかったと考えられるのだ。そのため、死んだ動物の肉をあさって食べていたという説が有力とされている。

データ

無脊椎動物		
	大きさ	約2.5m
	生息年代	4億2000万年前ごろ
	発掘現場	アメリカ
	特徴	大きなふたつのハサミ。板のような形をした尾
	食性	死んだ動物の肉

三章

調査レポート

写真は「アクティラムス」と同じ仲間のウミサソリの化石。いくつかの種がいたが、ペルム紀の終わりに絶滅してしまった。

165

古生代			中生代	新生代
カンブリア紀	オルドビス紀	**シルル紀**	デボン紀	石炭紀	ペルム紀

データ

植物

- 大きさ：数cm
- 生息年代：4億3000万〜3億9000万年前ごろ
- 発掘現場：イギリスなど
- 特徴：二又に分かれる軸があるが、維管束がない。シダ植物でもコケ植物でもなく、リニア状植物とよばれる

166

三章 クックソニア

ふしぎな特徴をもつ古代の陸上の植物

「クックソニア」は高さ数センチほどの小さな陸上の植物だ。

軸は二又に分かれている。この軸は現在の植物とは構造がかなり違う。たとえば、シダ植物には維管束とよばれる水分や栄養をとおすための管があるが、「クックソニア」にはそれがない。この特徴は現在ではコケ植物などに見られるが、二又に分かれる軸はコケ植物の胞子体（胞子をつくるための体）にないため、「クックソニア」はシダ植物でもコケ植物でもない。こうしたことから、「クックソニア」はリニア状植物という特別な植物に分類をされている。

この「クックソニア」が出現した後、さまざまな植物が陸上に生まれ、進化していった。「クックソニア」は以前、一番古い陸上植物とされていたが、さらに古い陸上植物の痕跡が発見されている。

調査レポート

写真は「クックソニア」の仲間の化石。花が咲かず、葉もない。シダ植物と同じように胞子という種の役割をもつ細胞を飛ばして増えることがわかっている。

魚類	大きさ	約15cm
	生息年代	4億1000万年前ごろ
	発掘現場	ノルウェー
	特徴	飛行機のつばさのようなヒレ。ノコギリのように長い突起
	食性	プランクトンなど

三章 ドリアスピス

頭にノコギリ、体に飛行機のつばさのようなヒレをもつ魚

「ドリアスピス」は頭部にノコギリのような長い突起がある魚だ。海や川の河口付近に生息していた。

化石はノルウェーで見つかった。大きさは約15センチ。頭部にあるノコギリのようなギザギザの突起は、エサを見つけるときに海底の砂や泥をはらいのけるために使われたようだ。また、アゴがないためかたいものは食べられず、プランクトンを食べていた。

胴体は小さな板状の骨が集まったヨロイでおおわれており、これで敵の攻撃から身を守っていたようだ。さらに飛行機のつばさのような2つのヒレが生えていて、そのフチもギザギザになっている。このヒレは水中でバランスよく泳ぐのに役立っていたと考えられる。

調査レポート

突起や体つきは現代のノコギリエイによく似ている。突起でエサを探す習性も同じだが、ノコギリエイにはアゴがあり、口は突起の下にある。

古代の植物

もっとも古い植物とは

　陸上に生息していた植物の化石として、もっとも古い化石記録はコケ植物の胞子と考えられている。これらはオルドビス紀中期の地層から見つかっているが、詳しいことはまだわかっていない。シルル紀後期に生息していたといわれる「クックソニア」（➡ P166）の化石などから、水中にいた植物が本格的に陸へ移動しはじめたのはこのころ、あるいはもっと前の時代からだと考えられている。

　また、地球上で最初の森林を形成した植物のひとつと考えられているのが、約3億9000万年前のデボン紀中期に登場した「アルカエオプテリス」だ。この植物は、種で増える仲間に見えるが、実はシダ植物と同じように胞子で仲間を増やす。こうして世界中に広がり、地球上の初期の森林をつくったといわれている木だ。これらの木も含め、古代の植物が花を咲かせるようになったのは白亜紀に入ってからのこと。被子植物（花を咲かせる植物）のもっとも

古い化石記録といわれているのが「アルカエフルクトゥス」だ。中国の中生代の地層からその化石が見つかった。「古い果実」という意味の名前をもつこの花には、花びらやガクがなく、葉の形などから水生の植物と考えられている。

「アルカエフルクトゥス」の復元模型。花は水面の上に出て咲いていたと考えられている。

イチョウは生きた化石？

　イチョウはソテツの仲間とならんで今見られる裸子植物（種になる部分がむき出しになった植物）の中で、もっとも歴史が古いとされている。
　背は高く、おうぎ形の葉は秋に黄色くなり、銀杏とよばれる種子を落とすのが特徴だ。実は、イチョウは古生代ペルム紀前期に登場し、中生代白亜紀末まで栄えた大きな植物のグループだ。しかし、1種類をのこしてすべてが絶滅してしまった。
　イチョウ類がとくにたくさん見られたのは中生代。巨大な恐竜がイチョウの木の間を歩いたり、葉を食べたりしていたのかもしれない。

古代のイチョウ類の一種。現在のイチョウのおうぎ形をした葉とは違う形をしている。

恐竜時代と植物の変化

　恐竜たちが栄えた約1億5000万年の間には、地球上の環境にも大きな変化があった。はじめのころはシダ植物が中心だった森林も、三畳紀に入ると球果類（種がかさ状の構造でつつまれたもの）や、ソテツ類、イチョウ類などの裸子植物に変わっていく。
　そして、ジュラ紀のおわりまでは現代に生息する裸子植物の仲間はほとんど出現していた。
　白亜紀に入ると被子植物が登場する。昆虫や動物が種や花粉を運ぶことで、たくさんの花が咲き、森のようすはさらに大きく変化した。

ソテツは、オーストラリアやアフリカ、日本などにも生息する、幹と葉の形が特徴的な植物。

古生代			中生代		新生代	
カンブリア紀	オルドビス紀	シルル紀	**デボン紀**	石炭紀	ペルム紀

ユーステノプテロン

腕のようなヒレで水草をかき分ける進化した魚

「ユーステノプテロン」は、ヨーロッパや北アメリカ大陸から化石が発見された魚の一種だ。意味は「たくましいヒレ」。その名前のとおり、腕のようなヒレが体から生えている。このヒレはほかの魚よりも大きく、力もあったといわれている。

ヒレには指のような骨があり、水草などをかき分けて泳ぐことができたようだ。生きた化石とよばれる「シーラカンス」も同じ構造の体である。

「ユーステノプテロン」は魚が陸上の動物へと進化する過程で生まれた生物だ。ふだんは海と川が混じる水の中で生活していた。エラではなく肺で呼吸していたとも考えられている。この推測が正しいならば、少しの時間、水から上がって行動していたのかもしれない。肉食で、ふだんは小さな魚を食べていたと考えられている。

データ

魚類

大きさ	約15cm
生息年代	3億9000万年前ごろ
発掘現場	ヨーロッパ、北アメリカ大陸
特徴	指のような骨があるヒレ、肺で呼吸していたと考えられる
食性	魚

三章

調査レポート

現代にも肺で呼吸をするハイギョとよばれる魚が存在する。水中で呼吸ができないため、水面から顔を出して息つぎをする。

古生代			中生代		新生代
カンブリア紀	オルドビス紀	シルル紀	**デボン紀**	石炭紀	ペルム紀

データ

は虫類

- 大きさ: 約1.5m
- 生息年代: 3億6000万年前ごろ
- 発掘現場: グリーンランド
- 特徴: 7本の指と水かき。足の構造は弱々しかった
- 食性: 魚

三章 イクチオステガ

地面をはうように進む巨大な両生類

「イクチオステガ」ははじめて陸上で生活するようになった両生類の一種だ。両生類といえばカエルやイモリが想像されるが、この「イクチオステガ」はそれらよりも巨大で、全長は約1.5メートル、体重は約90キロもあった。

後ろ足には指が7本あり、水かきがついていた。足の構造は弱々しく、歩くのには役に立たなかったようだ。陸上では膝までを地面につけ、尾で体のバランスをとりながら、後ろ足を引きずるようにして移動していたと考えられている。ただ、前足の化石が見つかっていないため、詳しいことはわかっていない。

水かきがついていたため、水中では陸上よりもすばやく動けたはずだ。おもに魚をつかまえて食べていたとされる。「イクチオステガ」は水中で生活する時間が長かった。陸上には日光で体を温めるために上がっていたと考えられている。

調査レポート

写真は「イクチオステガ」の仲間の化石。頭部に、眼窩という目が入る穴がふたつ確認できる。

175

古生代				中生代		新生代	
カンブリア紀	オルドビス紀	シルル紀	**デボン紀**	石炭紀	ペルム紀		

巨大な体とヨロイをもつ史上最強の肉食魚

「ダンクルオステウス」は大きいもので全長が約10メートルにもなるといわれる巨大な肉食魚だ。体重は3～4トンあったと推測されている。

頭部と胸はかたいヨロイでおおわれている。このヨロイは板状の骨が集まってできたものだ。

また、アゴがとても頑丈でかむ力はかなり強かった。歯はなかったが、かわりに鋭いキバのような骨がついていた。この骨で、獲物を簡単にかみ切ることができた。さらに、上アゴと下アゴの両方を動かすことができたため、かなりの大物でも飲みこむことができたかもしれない。

ただ、「ダンクルオステウス」の化石は頭部や胸といったヨロイの部分だけが見つかり、尾ビレなど体の後ろ半分はまだ見つかっていない。そのため、正確なすがたはまだわかっていない。

魚類	大きさ	約10m
	生息年代	3億8000万年前ごろ
	発掘現場	アメリカ、ヨーロッパ、モロッコ
	特徴	ヨロイでおおわれた頭部や胸。強力なアゴ
	食性	動物

調査レポート
ダンクルオステウス

01 魚類の中で最強のかむ力

かむ力は5トン以上あったという説もある。

「ダンクルオステウス」のかむ力は、古生代から現代までのあらゆる魚類の中でも一番強いといわれている。その強力なアゴを武器に、ほかの水中の生物をおそって食べていたのだろう。

「ダンクルオステウス」が生きていたデボン紀のひとつ前の時代、シル紀にはアゴがある魚はいなかったとされる。アゴがないと、小さなプランクトンなどやわらかいものしか食べることができない。しかし、アゴがあればかたいものでも食べることができる。エサの種類が増えたことにより食料も増え、体を大きくすることができたとも考えられている。

三章

02 現代の魚との違い

現代の魚の体の表面はウロコでおおわれている。しかし、「ダンクルオステウス」の頭部と胸は骨板とよばれる骨が変化したかたい板でおおわれていた。発見された化石は、いかにもかたく丈夫そうに見える。アゴにはキバのような骨があり、これも現代の魚とは大きく異なる特徴だ。

胸の一部と頭部の化石。ヨロイの部分は化石としてのこっているが、ヨロイのない顔より後ろの部分がやわらかかったため全身の骨は見つかっていない。

03 絶滅した理由

デボン紀のおわりに海の環境は大きく変化した。当時生息していた海の生物の多くが、このとき絶滅してしまった。原因は海水温の低下だと考えられる。「ダンクルオステウス」もこの変化に適応することができずに絶滅したという説がある。

また、ゆっくりとしか泳ぐことができなかったため、あらたに現れたサメなど、すばやく泳げる生物との争いに勝つことができず、数が減っていったという説もある。

179

古生代					中生代			新生代
カンブリア紀	オルドビス紀	シルル紀	デボン紀	**石炭紀**	ペルム紀

データ

無脊椎動物

- 大きさ: 約2～3m
- 生息年代: 3億5000万年前ごろ
- 発掘現場: ドイツ、アメリカ、イギリスなど
- 特徴: 節状の体についたたくさんの足で、地面をはうように移動する
- 食性: 植物

三章

アースロプレウラ

森林をはうように動く！　2メートルをこえる巨大な虫

「アースロプレウラ」は全長が2〜3メートルもある巨大な節足動物だ。体の幅は40センチ近くあり、30以上の節がつながっている。見ためは、現代のヤスデやムカデなどに似ている。

森の中で地面をはうように移動していたと考えられ、そのはった跡と思われる化石も見つかっている。体は大きいが、横側にくねらせることができるので、木と木の間をとおりぬけるのにはそれほど苦労しなかったようだ。

「アースロプレウラ」は、昆虫などを食べる現在のヤスデとは違い、植物を食べていたと考えられている。

化石はドイツ、アメリカ、イギリスなど広い地域で見つかっている。しかし、全身の化石はまだ発見されておらず、詳しい生態はわかっていない。

調査レポート

頭の部分だけでも7センチをこえる「アースロプレウラ」の化石。足の数は左右合わせて100以上あったと推測される。

181

トゥリモンストゥルム

三章

ふしぎなすがたをした、なぞの生物

　「トゥリモンストゥルム」は石炭紀の川に生息していたなぞの生物だ。「タリーモンスター」ともよばれ、全長は10センチ程度から、大きいものでは約30センチにもなる。
　胴体の上から棒のような突起が左右に伸びており、その先に目がある。前方には体と同じくらいの長さの突起がある。この先にはアゴと歯のようなものがあり、口と考えられている。この長く伸びた口のようなもので、岩の間や砂の中の生物を食べていたようだ。
　「トゥリモンストゥルム」は発見されてから60年以上、どの動物に近いのかほとんどわかっていなかった。2016年にヤツメウナギなど古い魚の仲間に近いとする研究が発表された。だが、翌年にはやはり魚の仲間ではないとする説が発表され、いまだに詳しいことはわからないままだ。

調査レポート

胴体の穴はヤツメウナギにも見られるような鰓孔（水を出す穴）と同じものではないかと考えられている。

183

古生代			中生代		新生代
カンブリア紀	オルドビス紀	シルル紀	デボン紀	**石炭紀**	ペルム紀

メガネウラ

グライダーのように飛んで獲物をつかまえる巨大トンボ

「メガネウラ」は石炭紀の末期に生息していた古代のトンボの仲間だ。日本では「ゴキブリトンボ」ともよばれている。羽を広げたときの幅は約70センチと大きく、すべての昆虫の中で最大級といわれている。

「メガネウラ」は現在のトンボのように空中でその場にとどまることはできず、グライダーのように着地点までいっきに飛んでいたようだ。また、尾の先にはトゲがあり、これは交尾のときに使われていたという意見もある。ふだんはほかの昆虫などをとらえて食べていたと考えられている。

「メガネウラ」が巨大な昆虫になった理由として、この時代の酸素の量が現在に比べて多かったことなどが考えられてきた。しかし、最新の研究ではそれだけで昆虫の巨大化を説明できないという説もでてきた。

データ

無脊椎動物	
大きさ	約70cm
生息年代	3億年前ごろ
発掘現場	フランス、イギリス
特徴	大きな羽でグライダーのように着地点までいっきに飛ぶ
食性	小動物

調査レポート
メガネウラ

01 70センチもある巨大トンボ

石炭紀に生息していた「メガネウラ」の仲間の羽の化石。約50センチあり、巨大な胴体をもった生物だと推測される。

　現在のトンボやカゲロウに近い見ための「メガネウラ」。しかし、体の特徴は異なる点も多い。現代のトンボはトンボ目というグループだが、「メガネウラ」は原トンボ目というグループに分類される。また、トンボのように自在な飛行に必要な「縁紋」という羽の構造がないほか、羽の模様や節のつくりにも違いが見られる。そして、一番大きな違いはその大きさだ。現代のトンボは、大きな種類でも羽を広げてせいぜい20センチほど。それに比べて、「メガネウラ」は約70センチもある。

02 巨大な虫がたくさんいた時代

「メガネウラ」が生息していた石炭紀には、ほかにも巨大な虫がたくさん生息していたことが、見つかった化石からわかっている。「プロトファスマ」はゴキブリやカマキリの共通の祖先とされ、大きさは約16センチ。「メガネウラ」と同じグループの「ナムロティプス」は約30センチにもなる。石炭紀は巨大な虫の時代ともいえるかもしれない。

「プロトファスマ」は石炭紀に生息した肉食の昆虫。大人の手のひらと同じぐらいの大きさがある。

03 酸素が生物の成長に影響をあたえた?

大型の虫が数多く生息していた石炭紀。これは、体の成長効果を上げる酸素の量が、今の時代よりも約1.5倍も多くあったためと、これまでは考えられていた。しかし、真逆の説を唱える研究者もいる。多すぎる酸素は体にとって害があり、そのような酸素の影響から身を守るために巨大化したという説だ。酸素の影響は、幼虫のときにとくに大きい。そのため、幼虫の段階から巨大になる必要があったというのだ。

古生代				中生代		新生代	
カンブリア紀	オルドビス紀	シルル紀	デボン紀	石炭紀	ペルム紀

ファルカタス

剣のような角でメスをひきつける古代ザメ

「ファルカタス」は頭に長い剣のような角をもった古代のサメの仲間だ。全長は約30センチ。角があるのはオスだけで、角はメスへのアピールに使われていたと考えられている。メスとオスが寄り添うような形の化石も発見された。

中生代にも、このサメの仲間と思われる化石の一部が見つかっている。そのため、古生代のおわりにあった大量絶滅をまぬがれ、生きのびたと考えられている。

魚類

データ

大きさ	約30cm
生息年代	3億年前ごろ
発掘現場	アメリカ
特徴	頭にある長い剣のような角
食性	魚

古生代				中生代		新生代	
カンブリア紀	オルドビス紀	シルル紀	デボン紀	石炭紀	ペルム紀		

三章

ヘリコプリオン

グルグル巻きの奇妙な歯で獲物をおそう？ 巨大ギンザメ

「ヘリコプリオン」は石炭紀後期に現れ、ペルム紀に繁栄したギンザメの仲間だ。全長約3メートルで、大きいものは6メートルほどになる。

最大の特徴はグルグル巻きになっている歯。この歯がどこについていたかについて、長い間論争が続いたが、現在では下アゴについていたという意見が有力だ。しかし、歯をどのように使っていたのか、はっきりしたことはまだわかっていない。化石はロシアやオーストラリア、中国、そして日本でも発見されている。

データ

大きさ	約3〜6m
生息年代	2億9000万〜2億5000万年前ごろ
発掘現場	世界各地
特徴	グルグル巻きの歯
食性	不明

魚類

調査レポート

写真は「ディプロカウルス」の頭部。名前には「ふたつの突起」という意味があり、左右に伸びた特徴的な頭の形からつけられた。

ディプロカウルス

ブーメラン型の奇妙な頭をもった古代の両生類

「ディプロカウルス」はブーメランのような奇妙な形の頭が特徴的な両生類だ。体全体は平たく、目は上向きについていた。尾は長いが、手足は体の大きさのわりに小さい。左右に広がった頭は骨の突起で、子どものころは目立たず、成長するにつれて横に広がるようになっていたといわれている。

この頭の形の役割については、敵から身を守るため、メスにアピールするため、あるいは水中で泳ぎをコントロールするためのつばさだったなど、さまざまな説がある。

「ディプロカウルス」は両生類だが、大きな頭は陸上の生活には向いていなかったと思われる。そのため、重い頭の影響を受けない水中、とくに水の底で生活していたと考えられている。魚や水の底にひそむ小さな生物をとらえて食べていたようだ。

データ

両生類

大きさ	約1m
生息年代	2億9000万年前ごろ
発掘現場	アメリカ、モロッコ
特徴	ブーメランのような形の頭。上向きについた目
食性	魚、小動物

三章

古生代			中生代		新生代	
カンブリア紀	オルドビス紀	シルル紀	デボン紀	石炭紀	ペルム紀	

陸上から水中生活へと戻った古代のは虫類

　水の中に住んでいた両生類がやがて陸上で生活するようになり、は虫類へと進化していった。しかし、その後ふたたび水中の生活に戻っていったグループがいる。古生代ペルム紀に生息していた「メソサウルス」もその一種である。

　胴体はなめらかで丸みがあり、両生類のように水の中で暮らすのに適している。手足は細く、後ろ足がやや長めだ。手足の先には水かき、長い尾にはヒレがついており、水中ではかなり速く泳げたと考えられている。歯は細いクギのような形をしていて、エビやカニなどかたいカラをもつ生物を食べていた。また、プランクトンなども食べていたようだ。

　「メソサウルス」のあばら骨はかなりぶあつい。そのせいで体を大きくくねらせることができなかった。そのため、水中での急な方向転換は苦手だったと考えられている。

192

三章 メソサウルス

データ

は虫類

- 大きさ：約1m
- 生息年代：2億9000万年前ごろ
- 発掘現場：南アフリカ、ブラジル、ウルグアイなど
- 特徴：手足についた水かき、かたいカラでもかみつける歯
- 食性：小動物、プランクトン

調査レポート
メソウルス

01 全身を使い、水中を自在に泳ぐ

ガラパゴス諸島に生息するウミイグアナ。「メソサウルス」も、ウミイグアナのような動きで水中を泳いでいたと考えられる。

　平たい尾と長くなめらかな体をした「メソサウルス」は、水中を泳ぐのにとても適した体型であった。泳ぎ方はワニやイグアナなどのは虫類に似ていたと考えられている。

　また、「メソサウルス」はすべての指に水かきがあったとされている。さらに、胴体と同じくらいの長さがある尾には、上下にヒレがついていた。これらを使い、ワニやイグアナよりも水中を自在に泳いでいた可能性があるのだ。

三章

02 長いクギ状の歯の役割

「メソサウルス」の化石。顔や体も細長く、川底のせまいすきまでも泳ぐことができたと思われる。

「メソサウルス」の歯はクギのように細くて長かった。この歯をフィルターのように使い、プランクトンなどをこしとって食べていたと考えられていた。しかし、最近ではエビやカニなどの水中を泳ぐ生物を逃さないようしっかりとつかまえ、食べるための歯ではないか、と考えられている。

03 大陸移動を証明する生物

「メソサウルス」の化石は南アフリカとブラジル、ウルグアイといった南アメリカ大陸で発見されている。遠く離れたふたつの大陸から、同じ生物の化石が見つかるということは、ペルム紀にはこの地域がつながっていたことが証明される。地球上の大きな大陸はもともとひとつにつながっていたとされている。
「メソサウルス」は、大陸が移動していたことを証明する重要な化石のひとつなのだ。

古生代			中生代		新生代
カンブリア紀	オルドビス紀	シルル紀	デボン紀	石炭紀	**ペルム紀**

シカマイア

日本ではじめて発見された巨大な二枚貝

巨大な二枚貝である「シカマイア」は日本の岐阜県、金生山ではじめて化石が発見された。化石は建物に使われた大理石の中からも発見されている。

「シカマイア」という名前は、古生物学者の鹿間時夫博士からとっている。史上最大の二枚貝といわれ、その大きさは一番長いところで1.5メートル以上もあったと推測される。

「シカマイア」の化石は、日本以外ではマレーシアでたくさん見つかっており、熱帯の温かい海、おもにサンゴ礁の中に生息していたようだ。巨大化の理由について詳しいことはわかっていないが、温かい海でエサとなるプランクトンが大量にあったことと関係があるのかもしれない。

貝ガラは成長するにつれ、先端やフチの一部がだんだんとそり返っていったとされる。

データ

無脊椎動物

- **大きさ**　約1.5m
- **生息年代**　2億6000万年前ごろ
- **発掘現場**　日本、マレーシア、クロアチア
- **特徴**　巨大な二枚貝で、熱帯の温かい海に生息している
- **食性**　プランクトン

三章

調査レポート

現代にも生息する巨大な二枚貝のシャコガイ。熱帯の海に暮らすなど、大きさ以外にも「シカマイア」との共通点が多い。

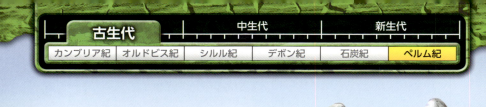

古生代				中生代		新生代
カンブリア紀	オルドビス紀	シルル紀	デボン紀	石炭紀	**ペルム紀**	

データ

単弓類

大きさ	約3m
生息年代	約2億6700万年前ごろ
発掘現場	ロシア
特徴	5本の角のようなコブ。汗をかく機能があった
食性	水辺の植物、肉食という説もある

三章 エステメノスクス

顔中コブだらけ！ 巨大な体でゆっくり動く古生物

名前に「かんむりをかぶったワニ」という意味がある「エステメノスクス」。その名前のとおり、ほおや頭にかんむりのようにもり上がったコブがある。このコブは目の上と左右のほおに1本ずつ、さらに鼻に1本の合計5本あった。

ほ乳類に近い動物で、全長は約3メートルと巨大だ。おもに水辺に生息しており、やわらかい植物を食べていたとされている。一方で歯がとがっていることから、肉食だったのではないかという説もある。ただ、動きがのろく、獲物をつかまえるのはひと苦労だっただろう。

「エステメノスクス」の化石には皮ふがのこされており、それを調べたところ汗をかく機能があったことがわかっている。

調査レポート

肉をかみ切るような歯があるが、巨大な体で獲物を追うことはむずかしい。死んだ生物の肉を食べていたのかもしれない。

古生代		中生代		新生代	
カンブリア紀	オルドビス紀	シルル紀	デボン紀	石炭紀	**ペルム紀**

ディメトロドン

体温を自分でうまくコントロールできる古生物

「ディメトロドン」は、ほ乳類の祖先にあたるは虫類の仲間だ。全長は約3メートル。この時代に陸上にいた肉食動物では最大級といわれている。化石はおもにアメリカやヨーロッパ大陸で発見された。

「ディメトロドン」は、背中にあるとても大きな帆で体温調節ができたと考えられている。日光が当たると血液が温まり、この血液が体中に流れることで全身の体温を上げる。逆に体温が上がりすぎたときには、帆を風に当てて体を冷やしていたと考えられている。「ディメトロドン」が生息していた時代は地球全体が寒かったため、体を温めるのが大変だった。帆のおかげで、「ディメトロドン」はほかの生物よりも早く体温を上げることができたのかもしれない。

帆は背中から伸びた骨に支えられている。しかし、この骨に血管の跡が見られないことから、帆は体温調節ではなく異性や仲間へのアピールなどに使われていたという説もある。

データ

単弓類		
	大きさ	約3m
	生息年代	2億9500万～2億7200万年前ごろ
	発掘現場	アメリカ、ヨーロッパ
	特徴	背中に大きな帆をもち、口には2種類の歯がある
	食性	小動物

調査レポート
ディメトロドン

01 ペルム紀最強の肉食動物

「ディメトロドン」とはラテン語で「2種類の歯」を意味する。鋭い犬歯と、肉をかみ切る歯をもっていた。

　「ディメトロドン」が生息していた時代は、恐竜が現れるより数千万年前のペルム紀という時代。白亜紀の「ティラノサウルス」(→ P58) のように、陸上の支配者として君臨していたと考えられている。

　見るからに丈夫そうなアゴは上下に大きく広げることができる。さらに、歯がずらりとならんでいて、鋭いキバも化石から見つかっている。このキバと丈夫なアゴで、同じ時代に生息していた草食動物やは虫類、両生類をとらえて食べていたのではないだろうか。

三章

02 背中の帆でメスにアピールしていた？

背中の大きな帆は、「スピノサウルス」（→P66）などと同じように体温調節のために使われていたと考えられていた。しかし、その痕跡がないことから、別の説を唱える専門家もいる。帆はメスへのアピールに使われたという説だ。また、仲間同士のケンカのときに使ったという説もあるが、どれが正しいのかはまだわかっていない。

> 背中の帆は、ほかの「ディメトロドン」の仲間にも見られる特徴。

03 ほ乳類の祖先近い単弓類

「ディメトロドン」は単弓類という両生類から進化したグループに分類される。この単弓類には人間などのほ乳類も含まれる。は虫類とは別のグループだ。「ディメトロドン」の見ためは、は虫類のようだが、分類としてはほ乳類の祖先ということになる。「ディメトロドン」のように背中に大きな帆をもった単弓類は、ペルム紀の地層から多く発見されている。恐竜が現れる前、陸上を支配していたのはほ乳類の祖先だったのだ。

203

先カンブリア時代

エディアカラ生物群とカンブリア爆発

　地球が誕生してから46億年間の歴史の中で、最初の約40億年を先カンブリア時代とよぶ。これはカンブリア紀よりも先（前）の時代のことだ。先カンブリア時代の地層から発見された化石はこれまで見つかった中でももっとも古いことが確認されている。

　先カンブリア時代のおわりごろをエディアカラ紀とよぶ。このとき、地球全体が凍りつく強烈な氷河期がおとずれており、氷がとけた後の海は環境が大きく変わっていた。海の生物たちは大型化し、数センチ～数十センチのものも現れた。また、これらの生物は目や足、ヒレやカラなどがない。この時代の生物たちは「エディアカラ生物群」とよばれている。

　その後、カンブリア紀がおとずれるが、この地層からは「エディアカラ生物群」の特徴をもつ化石がほとんど見つからない。この生物たちが現代の生物の祖先なのか、それとも先カンブリア時代だけに生息していた生物なのか、今でも論争が続いている。

　カンブリア紀には、「アノマロカリス」（➡ P154）や「マルレラ」（➡ P160）のように、かたいカラや骨をもつ生物が現れ、体の構造に大きな変化が見られるようになる。現代の生物の各分類群の祖先をさかのぼっていくと、この時代の生物に行きつく。地層からはたくさんの種類の化石が見つかり、生物がいきおいよく進化をとげたように見えることから、「カンブリア爆発」ともよばれている。

「エディアカラ生物群」のひとつで、「プテリディニウム」という生物の一種。

204

四章

進

～新生代の生物～

恐竜がいなくなった後、生きのこったほ乳類や鳥類などはさまざまに進化し、繁栄していった。体は大きくなり、現在に生息する生物に近い見ためをもつものが多い。

古生代	中生代	新生代
暁新世	始新世	漸新世	中新世	鮮新世	更新世

調査レポート

アナコンダは獲物に巻きつき、自分より大きな生物も飲みこむ。「ティタノボア」も同じ習性があったと考えられる。

四章

ティタノボア

ワニさえも飲みこむ！ 古代の巨大ヘビ

暁新世に生息していた史上最大のヘビが「ティタノボア」だ。「ティタノ」とは「巨大な」という意味。名前に「ボア」とあるように、現代にも生息している「ボア」や「アナコンダ」といったヘビの仲間にあたる。

全長はなんと12〜15メートルほど。胴体の一番太い部分は直径約1メートルで、体重は1トン以上もあったと推測される。

化石の発見場所は南アメリカ大陸のコロンビアで、生息地はアマゾンの熱帯雨林だったと考えられている。

自分で体温を調節できなかったが、当時の地球は現在よりも気温が高かったため、「ティタノボア」にとっては暮らしやすい環境だったのかもしれない。

獲物を全身でしめつけ、大きな口でワニなども丸飲みしていたと考えられている。

データ

大きさ	約12〜15m
生息年代	6600万〜5600万年前ごろ
発掘現場	コロンビア
特徴	直径約1mの太い胴体をもつ、史上最大のヘビ
食性	動物

は虫類

207

古生代	中生代	新生代
暁新世	始新世	漸新世	中新世	鮮新世	更新世

調査レポート

現代に生息するカピバラも、「パラミス」と同じくげっ歯類の仲間だ。全長はなんと1メートルをこえる、現代では最大のげっ歯類だ。

四章 パラミス

温かい時代の森で暮らすネズミやリスの古い仲間

ネズミやリスのもっとも原始的な種類とされる「パラミス」は、げっ歯類というほ乳類のグループに分類される。このグループはほ乳類の中でも、進化していく中で一番多くの種類に分かれていった。現代のビーバーやカピバラなどもこの仲間であり、「パラミス」のような祖先から進化した動物だと考えられている。

「パラミス」にはいくつかの種類が確認されており、中には全長が90センチをこえる大きなものもいた。指先に鋭いツメがあり、温かい時代の森で木に登って生活していたようだ。

「パラミス」の化石を調べたところ、かたい植物の実を食べることに適した歯の進化が見られた。これはほかのげっ歯類にも見られる一般的な進化の流れだ。

データ

ほ乳類

大きさ	大きいもので約90cm
生息年代	5900万〜3100万年前ごろ
発掘現場	アメリカ、ヨーロッパ
特徴	リスのようなすがたで、かたいものでも食べることができた
食性	植物の草や芽、実など

209

アンドリューサルクス

モンゴルで発見された巨大な頭のほ乳類

「アンドリューサルクス」はモンゴルで化石が発見された肉食動物だ。全長は約4～5メートルあり、頭が大きかった。その大きさは体全体の約5分の1もあり、現代のクマの頭の2倍以上。ほ乳類の中では最大であったと思われる。

口には丈夫なアゴがあり、これで獲物をかみくだいていた。ただし、化石は現在ひとつしか見つかっておらず、生態についてはわからないことが多い。

ほ乳類

データ

大きさ	約4～5m
生息年代	4100万～3700万年前ごろ
発掘現場	モンゴル
特徴	大きな頭。丈夫なアゴ
食性	動物

古生代		中生代		新生代	
暁新世	始新世	漸新世	中新世	鮮新世	更新世

四章

バシロサウルス

ヘビのような長い体で泳ぐ古代の巨大クジラ

　まるでヘビのような長い体をした古代のクジラが「バシロサウルス」だ。全長は大きいもので18メートルくらいあった。
　ヒレ状の前足と小さな後ろ足があり、陸上にすんでいた４本足の動物から進化したことを教えてくれる。歯はギザギザで、現代のクジラの歯の形とは全然違う。首を自由に動かすことができたのもクジラと異なる点だ。首を動かしながら泳ぎ、ふだんは魚などを食べていたと思われる。

ほ乳類

データ

大きさ	約18m
生息年代	4100万～3400万年前ごろ
発掘現場	エジプト、北アメリカ大陸
特徴	ギザギザの歯。小さな後ろ足
食性	魚、動物

古生代	中生代	新生代
暁新世	始新世	漸新世	中新世	鮮新世	更新世

4本足のクジラ？　陸と海を行き来するほ乳類

　「パキケタス」は現在のクジラの祖先と考えられている、4足歩行の動物だ。見ためはクジラというより、イヌやオオカミに近い。

　全長は約2メートルで、体重は150キロほどと推定される。水中と陸上の両方で生きることができたが、おもに水辺で生活していたようだ。

　足にはヒヅメがあったが、ときどき魚などのエサを探して水中にもぐっていたようだ。指の間には水かきもあったのではないかと考えられている。

　歯は上下にぴったりかみ合う形だった。この歯で魚にしっかりかみつき、逃がさないようになっていた。耳の骨はクジラに近いつくりになっていることから、水中でも音がよく聞こえていたようだ。

四章 パキケタス

データ

ほ乳類

- 大きさ　約2m
- 生息年代　5500万～5000万年前ごろ
- 発掘現場　パキスタン、インド
- 特徴　上下にぴったり合う形の歯。陸上と水中の両方で行動できた
- 食性　魚

調査レポート

パキケタス

01 魚を食べるための長いアゴ

「パキケタス」の頭部の化石。名前は発見地の「パキスタン」とクジラを意味する「ケタス」に由来する。

「パキケタス」は現代のアザラシのように、水辺に近い場所を好み、おもに魚を食べていたとされる。魚を食べる生物には、水中の魚をとらえやすいように、くちばしのような長いアゴをもつものがいる。イルカやワニ、恐竜の中では「スピノサウルス」（→ P66）などがそうだ。「パキケタス」の口も同じように魚をつかまえやすい形に進化したのかもしれない。

02 クジラと似た耳の特徴

クジラの耳の骨の一部。音を伝える役割がある。あつい骨の特徴が「パキケタス」のものと似ていたのだ。

　クジラの耳の骨は独特で、ある種の巻貝のように片側があつく、もう一方がうすい構造になっている。このような特徴は、クジラのもっとも古い祖先と考えられている「パキケタス」にも見られる。つまり、この耳の骨のおかげで、見た目がまったくクジラらしくない「パキケタス」が、クジラの祖先であることがわかったのである。

03 頭部の化石からわかったこと

　「パキケタス」の化石は最初に頭部が発見された。化石には、水中で音を聞くために発達した、クジラに似た耳があった。しかし、音の方向までは判断できなかったと考えられている。また、現代のクジラの鼻の穴は泳ぎながら息がしやすいように頭のてっぺんにあるが、「パキケタス」の鼻の穴はイヌのように前にある。これらのことから、「パキケタス」はおもに浅い海で暮らし、休息や繁殖のときに陸に戻っていたとされている。

古生代	中生代	新生代
暁新世	始新世	漸新世	中新世	鮮新世	更新世

プロトプテルム

日本にも生息していた巨大な海鳥

「プロトプテルム」は、始新世から漸新世にかけて生息していた巨大な海鳥。腕の骨や足の骨の特徴から、ペリカンの仲間とされているが、見ためはペンギンにそっくりだ。「ペンギンモドキ」ともよばれ、大きなものでは全長2メートルほどのものもいた。

化石は北アメリカ大陸の西海岸側や日本で多く見つかっている。つばさがあったが、これは飛ぶためではなく、ペンギンのように水中で泳ぐためのものだった。水中の魚を泳ぎながら長いくちばしで上手につかまえていた。

「プロトプテルム」は本当にペリカンの仲間なのか、という議論がある。日本の研究者たちが「プロトプテルム」の化石から脳を調べたところ、ペンギンの脳に似ていることが判明した。見ためだけでなく、脳もペンギンに近かったことがわかったのだ。

データ

鳥類		
	大きさ	約1〜2m
	生息年代	3500万〜2300万年前ごろ
	発掘現場	アメリカ、日本
	特徴	ペンギンに似た体つき。水中を泳ぐためのつばさがある
	食性	魚

四章

調査レポート

写真はペリカンの一種。見比べると、体つきはペンギンのほうが近い。ペリカンと「プロトプテルム」の関係について、さらなる研究と発見が期待されている。

四章

インドリコテリウム

重さはアフリカゾウの倍！ 陸上で史上最大のほ乳類

「インドリコテリウム」は巨大なサイの仲間だ。「バラケラテリウム」が正式な名前だと考える研究者もいる。

まだ全身の骨格は見つかっていないが、首は長く、キリンのように高い木の葉をむしりとって食べていたと推測されている。

体長は7メートルをこえ、体高（地面から肩の上までの高さ）は約4.5メートルもあった。体重は15〜20トンほどだったと考えられている。推定される体長や体重は、現代のゾウをこえており、陸上のほ乳類では歴史上、一番大きかったとされている。

長い首と長い足はウマに似ている。サイの仲間だが、頭に角はない。古いサイの仲間には角がなく、現在の角があるサイは新しいタイプなのだ。

調査レポート

写真は「インドリコテリウム」の顔の骨格模型。人間よりはるかに大きく、植物をすりつぶすための歯が確認できる。

古生代	中生代	新生代
暁新世 / 始新世 / 漸新世	中新世	鮮新世 / 更新世

リヴィアタン

中新世の海の支配者！ 巨大な肉食クジラ

　中新世の海で「カルカロクレス」（→P228）などとともに、海の支配者として生物の頂点に立っていたのが「リヴィアタン」だ。全長は約13.5～17.5メートル。化石はペルーの砂漠にあった岩から見つかっている。

　発見された歯の長さは30センチ以上、直径は10センチもあった。頭の骨の長さは3メートルほどもある。

　見ためは現代のマッコウクジラに似ているが、生態はかなり違っていたと考えられている。マッコウクジラの上アゴには歯がなく、おもにイカを吸いこんで食べている。一方、「リヴィアタン」は現代のシャチのように、かみついて動物を食べていたと推測される。小型のヒゲクジラくらいはおそって食べていたのではないだろうか。

データ

ほ乳類

- **大きさ**：約13.5～17.5m
- **生息年代**：1300万～1200万年前ごろ
- **発掘現場**：ペルー
- **特徴**：約3メートルの大きな頭。30センチ以上の巨大な歯
- **食性**：動物

四章

調査レポート

「リヴァイアサン」という伝説の海の大怪物のイラスト。「リヴィアタン」の名前はこの大怪物に由来する。

生物の進化

海から陸へ、また海へ

地球上に最初の生命が誕生したのが約40億年前と考えられている。それから長い時間をかけて生物は進化してきた。

今から約5億年前のカンブリア紀には複雑なすがたをした生物がたくさん現れ、節足動物などの全身がかたいカラでおおわれた生物が多く栄えた。目をもち、移動できる距離や速さが増した生物は獲物をつかまえる力も上がり、ほかの生物をおそったり、逆におそわれたりと、生きのこりをかけた競争も生まれた。

オルドビス紀になると植物が陸上にすがたを現し、後を追うようにシルル紀には節足動物が陸上に進出したと考えられている。これが後の両生類やは虫類の誕生へとつながっていく。

三畳紀になると、は虫類の種類も増え、その中で恐竜が現れた。ジュラ紀に入ると恐竜はさらに種類を増やす。また、同時期には空や海にも翼竜や首長竜といった大型のは虫類が現れた。

白亜紀のおわりに、巨大な隕石の衝突が原因といわれる環境の変化で多くの生物が絶滅したが、生きのこった鳥類などには大型化するものもいた。陸にいたほ乳類は海や空で暮らすようになり、さらに進化する。たとえば「パキケタス」（→ P212）は、陸から海へ戻った、クジラの祖先と考えられ、アシカやアザラシなどの生物の祖先も、もとは陸上の生物だったといわれている。このように、陸上で進化したほ乳類がまた海へと戻っていくケースがこの時代にはあったのだ。

新生代に生息していた陸上動物の「アンフィキオン」。アシカやアザラシの祖先とされる、全長2メートルほどの肉食動物だ。

恐竜時代のおわりとほ乳類の進化

　今から約6600万年前、白亜紀のおわりの大量絶滅で、大型は虫類の多くがすがたを消した。すると、それまでその生物たちからかくれるようにして生きていたほ乳類は、さまざまな環境に合わせて急速に進化していく。体が大きくなったり、ヒヅメをもつようになったり、クジラやコウモリのように生活する場を大きく変えるものもいた。多くの生物が絶滅したのに、ほ乳類が生きのこれたのは体が小さく、夜行性だったこともあげられるが、実はこのころのほ乳類はすでに脳が進化し、高い知能をもっていた。もしかしたら、そのおかげで危険を回避し、生きのびることができたのかもしれない。

ほ乳類の中でも、ネズミほどの大きさの生物が多く生きのこることができた。

人類の進化

　人類の進化を、猿人、原人、旧人、新人という4段階にわけると、初期の猿人は、おそくとも約500万年前アフリカ大陸に現れ、森で生活していた。やがて森から出てサバンナを歩くようになり、石でつくった道具などもうまく使えるようになると、脳も大きくなり、体つきも変わっていった。アフリカ大陸を出たものは海を渡り、後の北京原人やジャワ原人となった。その後の旧人はさらに大きな脳をもち、力が強く、マンモス狩りをするほど知能も高かったと考えられている。そして、約20万年前に新人（ホモ・サピエンス）が誕生し、世界各地に移り住むようになった。

旧人であるネアンデルタール人は、動物の肉だけでなく野菜なども食べていたという説もある。

古生代	中生代	新生代
暁新世	始新世	漸新世	中新世	鮮新世	更新世

デスモスチルス

日本でも発見された なぞだらけのほ乳類

「たばねた柱」という意味の名前の生物が「デスモスチルス」だ。化石は日本やカリフォルニア州などの北太平洋沿岸のみで発見されている。

全長は約3.5メートル。おもに水中で暮らしていたと考えられている。

骨の構造から、クジラやアザラシのように泳ぐのがかなり上手な動物だと推測される。何を食べていたのか、陸に上がれたのか、陸上の動物のようにうまく歩けたのかなど、生態についてはまだほとんどわかっていない。

ほ乳類

データ

大きさ	約3.5m
生息年代	2300万～530万年前ごろ
発掘現場	北太平洋沿岸
特徴	のり巻きをたばねたような奥歯
食性	不明

古生代		中生代		新生代	
暁新世	始新世	漸新世	**中新世**	鮮新世	更新世

四章

プラティベロドン

シャベルのようなアゴで植物を掘る古代のゾウ

　まるでシャベルのような下アゴをもつ、ふしぎなすがたのゾウが「プラティベロドン」だ。大きいもので体長は約5メートル。アジア大陸に広く生息していた古いタイプのゾウである。2本の長いキバが上アゴから生えている。下アゴはそれよりも長く伸び、アゴの先端は長いシャベルのように平たい。
　ふだんは湿地帯とよばれる沼や湖の多い湿った場所に住んでいたとされる。シャベルのような下アゴを使い、沼地に生える植物を、掘り返して食べていたようだ。

ほ乳類

データ

大きさ	約5m
生息年代	1600万～530万年前ごろ
発掘現場	ロシア
特徴	シャベルのような長いアゴ
食性	植物など

古生代	中生代	新生代				
暁新世	始新世	漸新世	中新世	鮮新世	更新世

体重が500キロもあったオーストラリアの巨大な鳥

「ドロモルニス」は全長約3メートルで、体重が推定500キロという巨大な鳥だ。化石はオーストラリアで発見された。首が長く、現在のエミューという巨大な鳥にすがた形が似ている。

つばさはあるが空を飛ぶことはできず、2本足で歩いていた。頭は大きく、オウムのようなくちばしで木の実などを食べていたと考えられている。

これまでエミューやダチョウなどの仲間だとする説と、カモに近いという説があった。しかし研究の結果、骨格のつくりなどからカモに近いという説が有力とされている。

「ドロモルニス」のように体が巨大な生物は、環境の変化に適応しづらいとされている。「ドロモルニス」も更新世まで生存できず絶滅してしまった。

調査レポート

エミューはオーストラリアに生息する大型の鳥。大きさは2メートルほどで、「ドロモルニス」よりひと回りほど小さい。

四章

ドロモルニス

データ

鳥類

- 大きさ：約3m
- 生息年代：800万年前ごろ
- 発掘現場：オーストラリア
- 特徴：頭とくちばしは巨大で、つばさはあるが空を飛ぶことはできない
- 食性：木の実など

四章

カルカロクレス

古代の海に生息した巨大なサメ

海が温かい時代に生息していた生物が「カルカロクレス」だ。

日本名は「ムカシオオホオジロザメ」。学名は「カルカロクレス・メガロドン」といい、「メガロドン」とよばれることもある。サメの仲間で、全身は約10〜15メートルとされるが、20メートルという説もある。全身の化石が見つかっていないため、全長は歯の大きさをもとに推測されており、正確な数字はわかっていない。口には10センチ以上の歯がギザギザにならんでいた。肉食で、この歯で獲物をかみ切っていた。

当時のクジラの化石からは、「カルカロクレス」の歯と思われる跡が多く発見されている。大型の生物でもかまわずかみついていたようだ。

データ

魚類

大きさ	約10〜15m
生息年代	2300万〜260万年前ごろ
発掘現場	世界中の海
特徴	現代のホオジロザメと似たすがたで、体はひとまわり以上大きい
食性	動物

調査レポート
カルカロクレス

01 ノコギリ状の歯で獲物を引きちぎる

「カルカロクレス」の歯。鋭くとがった歯の先には、ノコギリ状の細かいギザギザが確認できる。この歯は何度も生え変わっていたという。

「カルカロクレス」の歯を調べると、当時の海でどのようにして生物をおそっていたのかを想像することができる。まるで刃物のような形をした歯は見るからにかたそうだ。歯の先はとがり、ノコギリのような細かなギザギザがいくつもある。獲物の体を、一瞬で引きちぎったことだろう。

体の大きい「カルカロクレス」になると、歯の大きさはなんと1本あたり約15センチもあったといわれる。これはまるで巨大なナイフのようだ。

02 モデルは現代のホオジロザメ

ホオジロザメは最大で6メートルにもなるサメの一種だが、「カルカロクレス」の大きさにはおよばない。

　「カルカロクレス」と現代のサメは歯や骨のやわらかさなど、似ている部分が多い。サメは太古から生息しているが、当時の生態はまだわからないことも多い。今後の研究で「カルカロクレス」との関連がわかるかもしれない。ちなみに学名の「カルカロクレス・メガロドン」は「巨大な歯をもつホオジロザメ」という意味だ。胴体の化石が見つかっていないため、すがたのイメージは現代のホオジロザメがモデルとなっている。

03 絶滅したのは寒さのせい?

　今から約260万年前に絶滅したとされる「カルカロクレス」。絶滅の原因は海水温の低下という説が有力だ。「カルカロクレス」は自分で体温調節ができないとされ、温度が下がると動きがにぶくなる。そのため、だんだんと冷たくなっていった海で生物を追うことができなくなり、獲物が少なくなった海に取りのこされた。そして、少しずつ数が減って絶滅していったのではないか、と考えられている。

古生代	中生代	新生代		
暁新世 始新世 漸新世	中新世	鮮新世	更新世

メガテリウム

ヒグマの3倍もの大きさ！ 地上に住む巨大なナマケモノ

　ナマケモノといえば、動きがとても遅いほ乳類だが、このナマケモノの仲間で最大の種が「メガテリウム」だ。
　体長は約5〜6メートルもある。現代のナマケモノは大きくても60センチほどだが、「メガテリウム」はそのおよそ10倍も体が大きい。そのため、別名「オオナマケモノ」ともよばれる。

　おもに森林に生息し、手に太くて長いツメがある。このツメで木の枝をたぐり寄せたり、地面を掘ったりして木の葉や根、茎などを食べていたと考えられている。体が大きいため、高い木の葉も楽に食べることができただろう。歯は太くて長く、植物をすりつぶすのに適していた。

データ

ほ乳類		
	大きさ	約5〜6m
	生息年代	500万〜1万年前ごろ
	発掘現場	南アメリカ大陸
	特徴	太くて長いツメ。植物をすりつぶしやすい歯
	食性	高い木の葉、地中の根や茎

四章

調査レポート

どっしりとした体と短い足が特徴の「メガテリウム」。写真のように木につかまり、枝の葉を食べていたと思われる。

古生代	中生代	新生代
暁新世 / 始新世 / 漸新世	中新世 / 鮮新世	**更新世**

データ

ほ乳類

- **大きさ** 約3m
- **生息年代** 12万〜8000年前ごろ
- **発掘現場** ユーラシア大陸など
- **特徴** 史上最大といわれる巨大な角。がっしりとした肩や首の筋肉
- **食性** 植物

四章

ギガンテウス オオツノジカ

約50キロの重い角で敵と戦う巨大なシカ

　過去に「オオツノジカ」とよばれるシカは複数の種類がいたが、「ギガンテウスオオツノジカ」は史上最大の角をもつシカだ。

　アイルランドから中国まで、ユーラシア大陸の広い地域の草原や林に生息していた。体高（地面から肩の上までの高さ）は約2メートル。頭の角は複雑な形で、左右の角の差し渡し（左右合わせた最大の幅）は約3メートル、重さは約50キロもあった。ほかのシカと同様に、角は毎年生え変わっていたと思われる。また、角は戦いやメスへのアピールに使われていたと考えられている。大きな角を支えるため、肩や首の筋肉はがっしりとしていた。

　現在は絶滅しているが、氷河期、当時の人間は「オオツノジカ」を狩っていたようで、旧石器時代の壁画には、そのすがたがしばしば描かれている。

調査レポート

全身骨格からも角の大きさがよくわかる。体高（地面から肩の上までの高さ）は2メートルをこえる巨大なシカだった。

古生代	中生代	新生代
暁新世 / 始新世 / 漸新世	中新世 / 鮮新世	更新世

大きなキバをもつ、毛むくじゃらのゾウの仲間

「ケナガマンモス」は氷河期に絶滅したゾウの仲間だ。「マンモス」にはいくつかの種類が知られているが、その中でも有名なのがこの「ケナガマンモス」である。太くて長い毛で全身がおおわれているのが特徴。「マンモス」の中では最後まで生きていた種で、寒い環境で生息していた特徴もあった。

大きいものは全長6メートルをこえる。地面から肩までの高さは3メートル以上もあった。内側に曲がる大きなキバも特徴のひとつで、オスのキバは長く、およそ2.5メートルほどだ。現代の温かい地域にすむゾウは熱を逃がすために耳が大きい。「ケナガマンモス」は逆に寒い地域で熱を逃さないために、耳が小さかった。

ふだんはマツやヤナギのほか、さまざまな植物の葉や枝を食べていた。人類はこの「ケナガマンモス」と同時期に生きていたことがあり、「ケナガマンモス」を狩っていた。

データ

- **ほ乳類**
- **大きさ**：約6m
- **生息年代**：260万～数千年前ごろ
- **発掘現場**：ユーラシア大陸など
- **特徴**：巨大でカーブした2本のキバ。長くて太い毛でおおわれた体
- **食性**：植物

四章
ケナガマンモス

調査レポート
ケナガマンモス

01 長いキバの役割

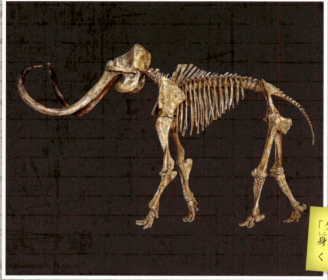

「ケナガマンモス」の全身骨格。キバは足と同じくらいの長さがある。

　現代のゾウと同じように、「マンモス」にもキバがある。このキバは上の歯の一部が伸びたもの。ただし、ゾウのキバよりも太くて長く、先は上を向いている。「ケナガマンモス」をはじめ、氷河期に生きていた「マンモス」たちは、このキバで雪を掘って食べ物を探していたのではないかという説がある。
　ほかにもオスが力をしめすため、敵をいかくするためなど、キバの役割にはさまざまな説がある。

02 氷づけのミイラ

氷づけのミイラで、名前は「リューバ」。大きさは大型の犬と同じくらい。化石にはない毛や内臓などが残っていた。

「マンモス」は化石ではなく、氷づけのミイラのような状態で発見されることがある。2007年には、シベリアの雪と氷の多い地域でメスの子どもの「ケナガマンモス」が発見された。調査の結果この「ケナガマンモス」は約4万年前に生きていたことがわかっている。また、生まれてからまだ1か月ぐらいで、胃から母乳の成分が発見された。氷づけだったため、化石にはない多くの痕跡が見つかっている。

03 絶滅の理由は人間ではない？

「マンモス」は、人間の祖先が狩りをしすぎたことで絶滅したという説がある。しかし、この説はまちがいだという研究者もいる。氷河期がおわり、気温が上がると、それまでエサとしていた寒さに強い植物が急激に減っていった。「マンモス」はその環境に適応できず、気候が大きく変わったことが原因で絶滅してしまった、という説があげられているのだ。

古生代		中生代		新生代	
暁新世	始新世	漸新世	中新世	鮮新世	更新世

データ

ほ乳類	大きさ	約2～2.5m
	生息年代	180万～1万年前ごろ
	発掘現場	ブラジル、アメリカ、アルゼンチンなど
	特徴	鋭く長い犬歯と大きくひらく口。力強い肩と前足
	食性	動物

四章 スミロドン

長く鋭い犬歯で獲物をしとめる古代のハンター

南北のアメリカ大陸に生息していた「スミロドン」。「サーベルタイガー」ともよばれる。サーベルのように長い犬歯があることからこの名前がついた。このような犬歯をもつ肉食動物は過去に何種類もいたが、「スミロドン」はよく知られている一種だ。

体長は約2～2.5メートル。4足歩行で体高（地面から肩の上までの高さ）は1メートルほどだった。最大の特徴は、長く伸びた刀のような犬歯。その長さは15センチ以上もあり、閉じた口から大きく外にはみ出る。そのため、獲物にかみつくときは、口を大きく開ける必要があった。

犬歯の切れ味は鋭いが、骨をくだいたり、穴をあけるといったような強さはない。獲物をおそい、押さえこむ肩と前足の力はかなり強かった。前足で押さえて犬歯を突き刺し、太い血管を切ってしとめていたようだ。

調査レポート

顔の半分ほどもある鋭くて大きな犬歯。キバの間に下アゴが入るようなかみ合わせになっていた。

古生代	中生代	新生代		
暁新世	始新世	漸新世	中新世	鮮新世	更新世

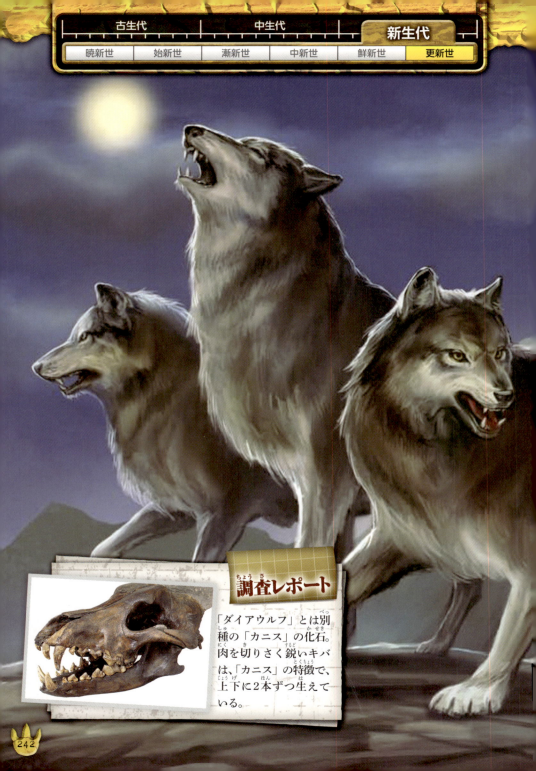

調査レポート

「ダイアウルフ」とは別種の「カニス」の化石。肉を切りさく鋭いキバは、「カニス」の特徴で、上下に2本ずつ生えている。

ダイアウルフ

大量の化石が見つかった大型のオオカミ

「ダイアウルフ」は更新世に生息していたオオカミの一種だ。学名は「カニス・ディルス」という。「カニス」は、イヌやオオカミからなるグループのこと。「ディルス」は、「恐ろしい」という意味。つなげると「恐ろしいオオカミ」という意味になる。「ダイアウルフ」はその英語名だ。

現代のオオカミにすがたは似ているが、やや大きく、体は頑丈である。群れで生活し、肉食で死んだ動物の肉も食べていたようだ。アメリカのカリフォルニア州には、タール（粘り気の強い天然の油）の池があり、そのぬかるみに落ちた動物は保存状態のよい化石となって見つかることがある。この池からは「ダイアウルフ」の化石が何千体も見つかった。ほかにも、ぬかるみに足を取られた草食動物の化石が大量に見つかっている。「ダイアウルフ」はぬかるみにはまった獲物を集団でおそっていたが、自分たちもぬかるみから抜けられなくなり、死んでしまったのではないかと思われる。

四章

データ

ほ乳類

大きさ	約2m
生息年代	12万〜1万年前ごろ
発掘現場	アメリカ
特徴	丈夫なアゴと強力な歯。群れで行動していた
食性	動物、死んだ動物の肉

古生代	中生代	新生代
暁新世	始新世	漸新世	中新世	鮮新世	更新世

ケブカサイ

あつい毛皮をまとい氷河期を生きたサイ

「ケブカサイ」は現代のサイとは違い、寒い環境に適応した氷河期のサイである。「ケナガマンモス」（→P236）と同じように、長い体毛におおわれていることから、「ケサイ」ともよばれる。シベリアからヨーロッパまでの広い地域に生息し、一番古い化石はチベットで見つかっているようだ。

体長は約4メートルで、体重は2～3トンほど。鼻先に長さが60センチをこえる長い角が1本、その後ろに短い角が1本あった。

ほ乳類

データ

大きさ	約4m
生息年代	360万～1万年前ごろ
発掘現場	ユーラシア大陸
特徴	長い角をもち、体が毛でおおわれている
食性	植物

古世代	中生代		新生代		
暁新世	始新世	漸新世	中新世	鮮新世	更新世

四章

グリプトドン

まるでヨロイ竜のような巨大なほ乳類

　アルマジロと近いグループに分類されるヨロイ竜のような動物が「グリプトドン」だ。大きいもので、体長は約3メートルにもなる。背中は全体が丸いドーム型のようなヨロイになっている。ヨロイは小さな六角形の骨が集まってできており、とてもかたく、敵から身を守るのに役立った。さらに、尾にはトゲのような骨があり、手足には大きなツメもある。ふだんはおもに植物を食べていた。

ほ乳類

データ

大きさ	約2.5～3m
生息年代	250万～1万年前ごろ
発掘現場	南アメリカ大陸など
特徴	体をおおうヨロイ。尾のまわりのトゲ
食性	背の低い植物、根や茎

古生代			中生代		新生代	
暁新世	始新世	漸新世	中新世		鮮新世	更新世

四章

ギガントピテクス

人類とは違う進化の道をたどった類人猿

「ギガントピテクス」は、歯や下アゴといった部分的な化石しか見つかっていないため、なぞがとても多い類人猿である。

化石は中国やインド、ベトナムなどで発見された。全身の大きさがわかる十分な化石はないが、人やサルのグループである霊長類の中では、最大の生物ではないかと推測されている。

発見された下アゴは大きくてとても頑丈だった。そこから、身長が約3メートルあったのではないかという考えがある。一方、アゴは大きいが身長は2メートル程度だったのではないかという説もある。また、2足歩行ではなくゴリラのような姿勢で4足歩行をしていたと考えられている。

頑丈なアゴやすり減った歯といった特徴から、おもに竹のようなかたい繊維をもつ植物を食べていたようだ。

データ

ほ乳類

大きさ	約2〜3m？
生息年代	78万〜12万年前ごろ
発掘現場	中国、インド、ベトナム
特徴	大きくてとても頑丈な下アゴ。4足歩行だったと考えられている
食性	かたい繊維をもつ植物

調査レポート
ギガントピテクス

01 食べるものがなくて絶滅？

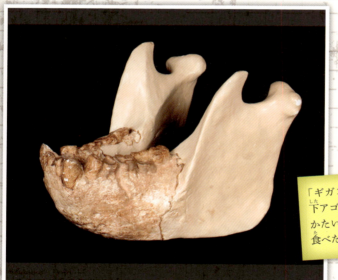

「ギガントピテクス」の下アゴの化石。骨が太く、かたい植物でもなんなく食べたようだ。

中国南部の熱帯雨林などに生息していたとされる「ギガントピテクス」。今から約12万年前ごろに絶滅したとされ、絶滅の原因は大きな体だと考えられている。

体が大きいと、敵からおそわれにくくなる一方、大きな体で生きるためには、大量の食料が必要となる。気候の変化により「ギガントピテクス」が暮らしていた森林が減っていった。そして、エサとしていた植物も減少した。草原の草や根だけでは「ギガントピテクス」には足りず、絶滅したと考えられている。

四章

02 名前の由来

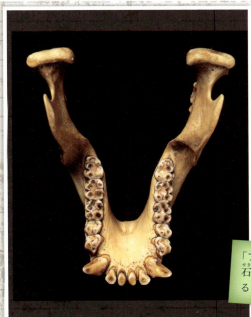

「アウストラロピテクス」の下アゴの化石。「ギガントピテクス」のものと比べると、アゴが細く犬歯が鋭い。

「ギガントピテクス」という名前は、その大きさからつけられた。「ギガント」は「巨大な」、「ピテクス」は「サル」という意味。人類の一番古い祖先とされていた「アウストラロピテクス」にも「ピテクス」がつくが、アゴの太さが異なる別の種類の生物だ。ちなみに、「アウストラロ」は「南の」という意味。南アフリカで骨が見つかったことに由来する。

03 現代のゴリラよりもかしこい？

「ギガントピテクス」は類人猿とよばれるゴリラやチンパンジー、オランウータンの仲間になる。

ほお袋はなく、より人間に近いグループと考えられるが、人類の祖先ではない。初期の人類とされる「アウストラロピテクス」とは早くから分かれて進化したグループだ。

類人猿は大型になるほど脳も大きくなるため、「ギガントピテクス」は現代のゴリラよりもかしこい生物だったのかもしれない。

249

化石と地層

さまざまな化石

　化石は生物の骨だけでなく、足跡やフン、胃石とよばれるものなども発掘される。これらの化石を生痕化石といい、生活の様子や習性を知ることができる。ほかにも、植物の化石や樹液がかたまったコハクとよばれる宝石状の化石も存在する。
　カラの模様が特徴のアンモナイトにもさまざまな種類があり、中には「異常巻き」とよばれる種類がいる。

ぜん虫とよばれるミミズのような生物のフンの化石。

背骨の化石と胃石。胃のなかでかたい植物をすりつぶす役割があった。

獣脚類恐竜の足跡の化石。3本の指が化石から確認できる。

虫が閉じこめられたコハク。樹液がかたまってできる。

枝に種子がついた植物の化石。後期ジュラ紀に生えていたと考えられている。

ニッポニテス

プラビトセラス

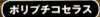
ポリプチコセラス

後期白亜紀に生息していたさまざまな「異常巻き」とよばれるアンモナイト。

宝石化する化石

カナダからアメリカに広がる地層やマダガスカルの一部の地層などからは宝石化したアンモナイトの化石が発掘されることがある。これは「アンモライト」とよばれ、化石となる途中でカラが鉱石に変化してできたもの。カラがうすく、虹色に光るなどの特徴がある。ほかにも恐竜の骨や貝のカラなどがオパール状に宝石化したものが、オーストラリアなどから見つかっている。

「プラセンチセラス」という白亜紀に生息していたアンモナイトの一種。

化石のでき方と地層

化石とは、死んだ生物の痕跡が石になったものである。そのでき方はさまざまだが、恐竜や動物の場合、死んだ後の肉や皮をほかの生物に食べられたり、バクテリアに分解されたりして骨などのかたい部分だけがのこる。それが海や川、湖などで砂や泥に埋もれ、石のもととなる成分が染みこんでいく。そうして長い年月をかけて少しずつ化石になっていくのだ。

化石は保存される部分に含まれる物質や、まわりの砂や泥の状態、水分や温度、染みこんでくる成分などによって大きく変わる。中には化石になる途中で、地殻変動などの影響を受けて壊れてしまうものもあるという。動物の死がいは、骨やカラ、ウロコなどかたい部分しかのこらないことが多いが、足跡やフンなどの化石が見つかることもある。また、植物は石炭になったり、茎や葉だけが岩にのこったり、樹脂がコハクに変わったりする場合もある。

地層は下のものほど古い時代の層になる。そこから発見される化石などで時代を推測する。

これらの化石が発見される場所は、しま模様の層になっていることが多い。これは、化石をつくる砂や泥が水の流れによって運ばれ、底につもっていくためだ。水の流れがおだやかなときは小さな砂や泥だけが運ばれ、波や川の流れがはげしいときは石や岩が運ばれる。これが何度もくり返されることによって大きなしま模様の層ができていく。これを地層といい、発掘された化石から、地層ができたおおまかな時代を知ることができる。

日本では岐阜県高山市に広がるものが、化石の出る地層としてはもっとも古く、約4億5000万年前の後期オルドビス紀のものだとされている。

ブナ属の一種。化石からは、葉の形がはっきりと確認できる化石が見つかることもある。

発掘の方法

化石は砂や石、泥などでおおわれていることが多いため、まずはこれを取りのぞかなければいけない。化石を見つけたらいきなり掘るのではなく、ハンマーでまわりの岩のもろい部分を探しながら大きめに掘り進めていく。化石から遠いところから近いところへ、大きな箇所から小さな箇所へ、という順でタガネとハンマーを使い少しずつ掘り出していく。化石をくだかないように、ていねいに作業し、大きさや形がはっきりしてきたら小さいタガネなどを使って細かい部分をけずる。保存するときはわれたりしないように容器に入れ、見つけた場所をメモしたり、写真で記録をのこしておく。

かたい岩盤を調査するときは、大型の重機などでおおまかに切りくずしてから化石を探す。

化石と岩石からわかること

現代では岩石や化石の古さをいろいろな方法で調べることができるため、年代を何百万年といった単位で区分することができる。地質学者は地層からさまざまな情報を読み取り、どの時代にどんな生物がいて、どんな暮らしをしていたかを解明する。また、そこが大陸だったのか、海底だったのか、地殻変動は起きたのか、さらに詳しく調べれば、当時の海水の温度や成分、深さや気候の変化のようすまでがわかる。化石は昔の生物がのこした記録であり、それを時代ごとに整理することで生物の進化の道すじを知ることができるのである。

見つかった化石が一部でも、近い種類の化石などをもとに全身を推測することもできる。

253

化石発掘地マップ

スウェーデン
- ゲロトラックス P100
- ゴチカリス P152

ロシア
- ニッポノサウルス P56
- エステメノスクス P198
- プラティベロドン P225

イギリス
- メガロサウルス P20
- プレシオサウルス P106
- イクチオサウルス P110
- ディモルフォドン P112
- リードシクティス P116
- クックソニア P166

ノルウェー
- ドリアスピス P168

ヨーロッパ
- ユーステノプテロン P172

モンゴル
- プシッタコサウルス P38
- ガリミムス P70
- テリジノサウルス P72
- プロトケラトプス P78
- オヴィラプトル P88
- アンドリューサルクス P210

ベルギー
- イグアノドン P43

オランダ
- モササウルス P134

キルギス
- ロンギスクアマ P98
- シャロヴィプテリクス P102

ユーラシア大陸
- ギガンテウスオオツノジカ P234
- ケナガマンモス P236
- ケブカサイ P244

フランス
- リオプレウロドン P118
- パラプゾシア P142
- メガネウラ P184

パキスタン
- パキケタス P212
- インドリコテリウム P218

ドイツ
- ノトサウルス P94
- タニストロフェウス P96
- アーケオプテリクス P120
- アースロプレウラ P180

タンザニア
- ケントロサウルス P26

マダガスカル
- ベルゼブフォ P133

南アフリカ共和国
- メソサウルス P192

オーストラリア
- ドロモルニス P226

エジプト
- スピノサウルス P66
- バシロサウルス P211

世界各地
- ヘリコプリオン P189
- カルカロクレス P228

254

世界中で化石が発見されている恐竜と古生物。その中でも、本書で紹介している生物が発掘されたおもな国や地域を紹介しよう。

※複数国の場合はデータ内の最初の国のみ表記

カナダ

ハルキゲニア	P150
アノマロカリス	P154
オットイア	P158
マルレラ	P160
ルナタスピス	P163

グリーンランド

イクチオステガ	P174

日本

フクイラプトル	P48
フタバサウルス	P136
シカマイア	P196
デスモスチルス	P224

コロンビア

ティタノボア	P206

ペルー

リヴィアタン	P220

中国

シノサウルス	P18
アンキオルニス	P21
シノサウロプテリクス	P36
ミクロラプトル	P40
メイ	P46
スカンソリオプテリクス	P90
ギガントピテクス	P246

アメリカ

ブラキオサウルス	P22
ディプロドクス	P28
アロサウルス	P30
ステゴサウルス	P32
ガストニア	P42
デイノニクス	P44
ティラノサウルス	P58
パキケファロサウルス	P62
ペンタケラトプス	P64
アンキロサウルス	P74
トリケラトプス	P84
トロオドン	P79
パラサウロロフス	P80
アデロバシレウス	P101
プラケリアス	P104
ケツァルコアトルス	P126
プテラノドン	P128
ヘスペロルニス	P132
デイノスクス	P140
アーケロン	P144
カメロケラス	P162
アクティラムス	P164
ダンクルオステウス	P176
トゥリモンストゥルム	P182
ファルカタス	P188
ディプロカウルス	P190
ディメトロドン	P200
パラミス	P208
プロトプテルム	P216
ダイアウルフ	P242

南アメリカ大陸

メガテリウム	P232
グリプトドン	P245

ブラジル

スミロドン	P240

アルゼンチン

エオラプトル	P16
アルゼンチノサウルス	P54
カルノタウルス	P82
プテロダウストロ	P124

255

●監修者

福井県立恐竜博物館 [ふくいけんりつきょうりゅうはくぶつかん]

2000年7月に開館。地質学・古生物専門の博物館。「恐竜の世界」、「地球の科学」、「生命の歴史」の3つの展示ゾーンからなり、地球の成り立ちや様々な古生物に出会える。立地する福井県勝山市には恐竜化石の発掘現場があり、現在も発掘・研究を行っている。日本で見つかった7種類の新種恐竜のうち5種類が勝山産。

●イラスト

合間太郎、gozz、コワレフスキー、精神暗黒街こう、七海ルシア、なんばきび、ムーピク

●デザイン・DTP

芝 智之、北川陽子、山岸蒔（スタジオダンク）、株式会社ドーナツスタジオ

●編集協力

千葉裕太（スタジオポルト）、井村幸六（ケイアシスト）、杉山忠義、穂積直樹

●生態復元模型

荒木一成

●資料提供

福井県立恐竜博物館（P16/P18/P25/P31/P34左/P34/P36/P39/P44/P49/P50/P51/P52/P53/P56/P69/P63/P69/P71/P73/P76左/P81/P86/P87右/P95/P111/P113/P115上/P122/P125/P127/P130/P131/P134/P143/P146/P148/P167/P170/P171上/P175/P178/P190/P195/P199/P203/P204/P214/P230/P235/P238/P242/P250/P251/P252左/P253）、いわき市石炭・化石館（P138/P139）、アフロ（P40）、ユニフォトプレス（P24/P27/P28/P68/P76/P82/P108/P150/P156/P158/P160/P165/P179/P181/P186/P215/P248/P249）、Science Photo Library（P55/P88/P239/P240）、Getty Images（P61/P91/P92/P96/P103/P114/P115下/P117/P123/P141/P147/P152/P157/P169/P171下/P173/P183/P194/P197/P206/P208/P217/P221/P223上/P223下/P226/P231/P252上）、Gao C et al. (2012) A second soundly sleeping dragon: New anatomical details of the Chinese Troodontid *Mei long* with implications for phylogeny and taphonomy. *PLoS one* 7(9):e45203.doi:10.1371/journal.pone.0045203（P46）

大迫力！恐竜・古生物大百科

2017年8月10日発行　第1版

監修者	福井県立恐竜博物館
発行者	若松和紀
発行所	株式会社 西東社

〒113-0034　東京都文京区湯島2-3-13
http://www.seitosha.co.jp/
営業部　03-5800-3120
編集部　03-5800-3121〔お問い合わせ用〕
※本書に記載のない内容のご質問や著者等の連絡先につきましては、お答えできかねます。

落丁・乱丁本は、小社「営業部」宛にご送付ください。送料小社負担にてお取り替えいたします。
本書の内容の一部あるいは全部を無断で複製（コピー・データファイル化すること）、転載（ウェブサイト・ブログ等の電子メディアも含む）することは、法律で認められた場合を除き、著作者及び出版社の権利を侵害することになります。代行業者等の第三者に依頼して本書を電子データ化することも認められておりません。

ISBN 978-4-7916-2568-0